“家庭教育三部曲”之第二部

扬起生命的帆

家中月 著

中国商业出版社

图书在版编目 (CIP) 数据

扬起生命的帆 / 家中月著 . —北京：中国商业出版社 , 2016.9

ISBN 978-7-5044-9572-3

Ⅰ . ①扬…　Ⅱ . ①家…　Ⅲ . ①家庭教育
Ⅳ . ① G78

中国版本图书馆 CIP 数据核字 (2016) 第 220316 号

责任编辑：唐伟荣

中国商业出版社出版发行
010 — 63180647　www.c-cbook.com
(100053　北京广安门内报国寺 1 号)
新华书店总店北京发行所经销
北京军迪印务有限责任公司印刷
*　*　*
700 × 1000 毫米　16 开　12 印张　110 千字
2016 年 9 月第 1 版　2016 年 9 月第 1 次印刷
定价：36.00 元
*　*　*

Preface 序

积德行之水　载幸福之船

远航始于足下，父母应是称职的船长，孜孜不倦地传授着“德行如水，幸福是船，航行靠舵手”的智慧。

乘风破浪的帆升起来了！它是思想与灵魂的化身，它是智慧与道德的讲堂，它是为年轻父母破解迷雾的家教新领域。

《扬起生命的帆》由此诞生。

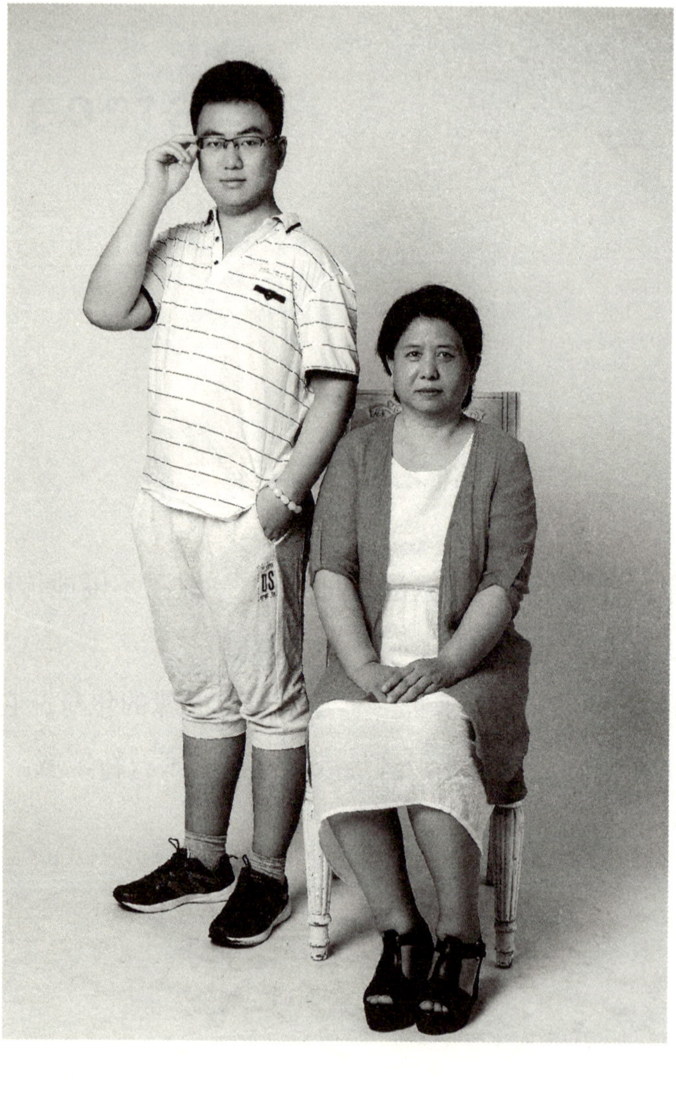

Preface 前言

人类一代一代的思想传承，在不断进化的过程中，沉淀着精神财富的营养。

家教知识不光是从别人那里学来的，更是在做事的过程中，能力得到充分的锻炼，获取相应的经验，总结形成的。智慧不是从天而降的，功夫不到自是难成。

书籍是通向智慧的一种工具，但如果尽信书不如无书。所以书不是越深奥越好，而是越实用越好，用最通俗的语言，解悟人生最深刻的道理；不是去寻枝问叶谈技巧，而是从人性与思想更深一层的智慧入手，从方方面面以根涵养枝叶，滋生出人性的光辉，滋长出不分时空、不分界限的哲理。

做家长的要有自己的知识和见解，而不做别人的影子。更不要刻意地模仿，而是要研究其中的人性本质，宁做自己的真品，重实效，不仿别人当赝品。

Contents 目录

第一课

渴　望

我们大人渴望孩子成才、渴望孩子有出息，这是一种本能，但要有能力负担起家庭教育的责任。俗话说，“三十年前看父敬子，三十年后看子敬父”。世间没有不可教的人才，只有教育是否得法。只要找到了正确的方法，努力去做，不管什么样的孩子都可以成才。

我们的孩子或许顽劣，或许胆小，但别嫌弃他们，付出真心和耐心去教导他们。要知道教育孩子也像其他所有的工作一样，你付出的是真情，得到的也一定是真实的果实。假如你怀着一颗功利之心，或者强制粗暴，你收获的也是等价的。我们常常会在寺院门口，看到一尊笑容满面的弥勒佛像，意思是在用慈悲感化你。弥勒佛的背后，却供有一尊手拿降魔杵的将军韦陀圣像，意思是若以慈悲感化不了你，便用威力折服你。这可能就是严爱互济、恩威并用的来历，其方法的妙用最佳。冲动不是能力，有激情也不代表有智慧。只有把心沉下来，细细地观察，找对了方法，才是有智慧的家长。这方法不只是从书中学的或哪里听来的，而是自己通过学习后，用心实践得来的，把学到的知识结合自己家的实际情况，变成自己的东西。

越是渴望孩子成人成才，越是不要操之过急，什么事都要按部就班，做人做事都是这样。急于求成或者投机取巧，往往适得其反。就像蝴蝶奋力破茧时会很痛苦，如果你从一旁帮它，它可以减轻痛苦，但它却会因没有经历翅膀充血的过程，而失去飞行的能力。无论我们的孩子在成长中如何变化，我们都要不失一双慧眼，看清楚他的本性，只要本性清明就不难教化。不要过于简单化地以好坏区分孩子，而是找其根源。比如不爱学习，是为什么不愿意学习的？从其根本上下功夫做思想工作，而且要注重方法，尤其是孩子长大了，他觉得自己什么都懂了不愿让大人管制。其实我们大人看他有很多毛病，忍不住不管，但他还没有真正成熟，所以逆反心理就出来了。

这个阶段父母和孩子相处是难，家庭教育也是让父母最头疼的。首先，要让孩子明白，没有真正的努力，就没有真正的财富，也没有真正的快乐！不管你的家庭条件多么好，也别让孩子过惯了享乐的生活，不知道吃苦的重要。要让孩子懂得外在的东西都是浮云，物质享受都是或有或无的，也都是随时有可能被人偷窃或抢走的。我们要利用年轻时精力旺盛，铸造一身的本领，积累下自身的知识宝库，一生都取之不竭、用之不尽，这才是永远都属于自己的，谁也偷不走抢不去。人没有本领没有知识是可怕的，世界上没有靠乞讨或偷窃能发财的人，也没有人靠侵占或聚敛能长久拥有财富，那样的人都活得很可怜、很可悲。世间给每一个人的机会都是均等的，同在天地宇宙间，就看你会不会利用这宝贵的生命，创造自身的价值。

我也渴望自己的孩子成人成才，我更渴望与天下更多的父母一起努力学习，使更多的孩子能够在快乐中学习、幸福地成长！并让他们知道什么是内在的，一定要努力挖掘的宝藏；什么是外在的，只宜随缘而不可强求更不可依赖的。不管一个人是贫穷还是富有，位卑还是位尊，只要懂得挖掘自身的宝藏，努力学习，他永远都是这个世界上最富有的人。否则，你的渴望将会适得其反。

例如：我认识这样一对父母，他们两口子都在国家机关工作，不但工资很高，而且有外水，因此家里条件非常好。他们生养了一个男孩，孩子长得虎头虎脑，胖乎乎的，大眼睛很精神，一看就天资聪明，很是讨人喜欢。两口子以及家里其他的人，甭提对孩子多好。上幼儿园时接送，把车开到教室门口，恨不得让孩子一步就能迈上车去；回家看电视躺在沙发上，吃饭也不起来，大人就一口一口地喂；晚上睡觉小便都不舍得让他起床，有时拿水杯去接。一直到小学都这样。有一次作业没写，老师问他为什么不做作业，孩子说昨晚家里停电了，可别的小朋友说起昨晚的动画片演的什么时，他却什么都知道。老师再问他没电怎么看的电视，他没话说了。老师把这事告诉他的父母，大人却很高兴，觉得孩子说停电是反应快。上小学时他还勉强能跟上班，到了中学就不行了，高中更是混下来的。打架住院是经常的事，吸烟、喝酒，和不三不四的人偷东西。大人花了几十万元请一对一辅导，却连大学都没考上。没办法，父母花了上百万元，送他出国留学，在国外三年花了近五百万元。回来父母给他找工作，到目前为止，换了五家单位了。唉！这样的孩子什么时候才能成熟呢！

可怜天下父母心啊！他们得挣多少钱来养这个儿子呢？他们的孙子将来又该怎么办呢？他们想过吗？

所以我呼吁全天下的父母们，尤其是像这样的父母，醒悟吧！重视家庭教育，哪怕只为你们的子子孙孙，不然你们还能养他们多久？

渴望孩子过上好生活，就得让他从小长本事。否则，家庭教育的无知，将酿成孩子终生的悲剧。

孩子的声音

家长们都对自己的孩子有着渴望，其实，孩子们又何尝不对自己的家长有所渴望！

我们年纪还小，什么都不懂，但也知道笑是好的、骂是坏的，知道夸奖是好的、责怪是不好的，知道美是好的、丑是不好的。我们与生俱来就有着对未知、对光明、对美好的渴望，智慧的家长懂得引导这些渴望来塑造自己的孩子，而没有经验的家长往往会在不经意间伤害到自己的孩子的渴望。

教育，是一个双向塑造的过程。家长在塑造自己的孩子，其实孩子也往往改变了家长。一个生命来到这个世界上，他是有着自己的愿望的。他想要了解这个世界，改变这个世界，营造这个世界。家长们应该做的是引导和纠正，而不是出于自己对孩子的渴望，就伤害了孩子与生俱来的渴望。

这种例子有很多，不少家长望子成龙，从小对孩子高标准严要求，反倒伤害了孩子学习的热情、自我进步的热情。很多家长对孩子有着个人的渴望，希望他成功、强大、孝顺、爱护自己，这些渴望有的是家长对孩子的爱，有的却也掺杂着家长的自私。

一个孩子来到这个世界，他就是独立的个体。从剪断脐带的那一刻起，家长已经不再能够了解到孩子小脑袋里究竟在想些什么了。对孩子完全地掌控和塑造是不可能的，教育孩子不是在纸上作画，而是在驱赶欢脱的羚羊。最大的区别就是，孩子不是你画一笔就是一笔的图画，他是有着自己命运的羚羊，注定要不停地奔跑。

中国是非常重视教育的国度，中国父母们对孩子倾注的关注与热情，期望与渴望，是全世界都罕见的。看看我们繁荣的辅导班市场吧，这正是父母们对孩子热切渴望的体现。但是很多家长没有意识到的是，教育不是贯彻您的渴望，而是您的渴望和孩子的渴望之间平衡的过程。这个过程，往往比渴望本身更重要。

最后，我想表达一点我个人的情感。渴望孩子们成功，不如渴望孩子们健康；渴望孩子们成功，不如渴望孩子们高贵。我们理解家长们对孩子那真挚的渴望，我们也希望家长们看一看，自己孩子那双清澈的眼睛。那是终一个人的一生，所会拥有的最清澈的眼睛。那里面有着真挚的渴望，家长们应该去听一听、看一看、想一想。

第一课的思考题

就像蝴蝶奋力破茧时会很痛苦，如果你在一旁帮它，它可以减轻痛苦，但它却会因没有经历翅膀充血的过程，而失去飞行的能力。你会这样做吗？谈一谈，写一写。

第二课

潜移默化

在现代高度发展的复杂社会中，我们成年人都经历着各种各样的诱惑，也常常稍有不慎就会犯错，更何况我们的孩子。他们年轻气盛，知易行难。所以，尊重客观事物的实际存在，尊重孩子们有可能发生的一切变化。在此基础上，行不言之教，潜移默化地引导，悄悄地用榜样的作用带动孩子，让他自己主动认识到“我该怎样做”，而不是吆五喝六、妄加指挥。

我们生养了孩子的生命，但他是这个社会上的一个独立个体，而不是只属于我们自己的。我们有责任教育好他，而不是借此机会自恃己能，更不要不切实际地夸夸其谈，说自己的长处优点，否则只能适得其反。无声地去做，潜移默化，一切顺其自然。让孩子自己懂得以父母为例，用行动教导他们要有所作为，而不是强作妄为。潜移默化不但不会使孩子产生代沟、逆反，而且能于无声无息中促进孩子在自我改造、自我循序渐进中成长。

在没有冲突的情况下，把问题解决好，把坏毛病改掉，这一招在家教的众多方法里，实属妙哉。

我的上一本书《生命之树的根》中第八课的思考题说，当孩子做坏事时，把同样的事情放他身上，他会改得很快很彻底。现在我们在这一课中再想个办法，就是怎样把孩子的坏毛病消灭在萌芽期。我称之为“毛病潜移法”：当孩子想犯错时，你跟他讲某人犯过这样的错，结果给他带来什么样的损失，所以这个想法不能付诸行动。也可以正面教导，告诉孩子：你把烦恼送给我，我送给你快乐；你把懒惰送给我，我送给你勤奋；你把浮躁送给我，我送给你沉着。

总之，凡是孩子表现不好的，都要想办法让他改正，同时做给他看，再送给他相应的知识。当很多体悟积累到一定程度时，自然会发生质变。你再把懒惰和浮躁等不好的表现模仿给他看时，他也就真正体悟到不好了。

我儿子小时候我还和他做过这样的游戏，说妈妈太难当了，总是改不掉小孩的坏毛病。要不咱俩换换角色吧，我当孩子，你当妈妈，先试一个月看看。这个时候他很害怕，他也知道妈妈不好当，什么事都得做在前面，他会悄悄把之前的毛病改掉。

另外，当孩子长大后，我们要在学习和做事中潜移默化地教给他，凡事只要扎扎实实地努力就行，世上没有绝望的事。不要说："你什么也不用干，只要学习好就行，只要学习好就什么都给你买，不然考不了好大学，没人待见你，没人喜欢你，你就没有好前途了。"在我们国内无论是家庭教育，还是校园教育，最可怕的就是这一点。不注重生活能力的全面发展，考上大学了也是高分低能，甚至很多孩子到考大学了，还不清楚自己适合干什么、报什么专业好，这些都是大人对孩子的教育、要求单一的形式、目的化，再加上强求、逼迫等造成的。给孩子的感觉是，只要学习不好，就是走到了绝路。每年高考或中考时，都会有让人心痛的悲剧发生，平时的报道中，也有过不少这种情况，孩子因学习成绩被大人逼到了绝路。

病态扭曲的家教是愚昧的，是不配也不够格做父母的。我们要变着法地让孩子在快乐中学习，潜移默化地让孩子懂得，扎实努力后还有无望之望。一个人只要真心付出了，就没有绝望的时候。没有走投无路，无路时，便是新路途开始的最佳时机。学习也一样，学不会、找不到方法时，不要急，更不要自暴自弃，冷静下来，把问题放下来，不烦的时候再拿出来思考。不管做什么事，无路中也有路，绝望就是希望的开始。

总之，争取做有智慧的家长，潜移默化地给孩子打气加油，有利于他各方面的灵感萌发，有利于他自己找到解决问题的办法。要避免死板应试、简单粗暴的教育。

例如：有这样一位妈妈，有一次她做好饭了，喊儿子吃饭，可孩子正在外面跟其他的朋友玩得高兴，顾不上吃饭，便随口回绝了妈妈，说了声“我不吃饭了”。这个妈妈就有意大声问丈夫：“我今天做的焖面条好吃吗？”孩子的爸爸说：“好吃极了，跟以前做的不一样呢！这种做法以前没有过，既好吃又营养全面，别人没口福了，咱们多吃些吧。”孩子听见了赶快跑过来，说“让我尝尝”，这一尝便吃完了一顿饭。

我也见过孩子不吃饭，妈妈又吵又骂的，把孩子吓得哭起来。还有更愚昧的，强迫孩子把碗里的饭吃完，逼得孩子吃完出门就吐。相比之下，吃饭这些小事，当妈妈的处理起来都是各种各样。还是懂得潜移默化的这位妈妈有智慧。她用不直面问题的交流，把孩子引到饭桌上来，并刺激了他的食欲。同样的方法也可以用在学习上啊！家长们学会的知识要懂得举一反三。

我把家庭教育总结了简单的十二个字：“重内轻外，重根轻叶，重行轻言。”重内轻外，就是培养孩子善于挖掘自身的宝藏，不看重外在的物质。重根轻叶，就是从生命的根基上，栽下善德之根；不过于看重具体事，只要懂得凡事有原则，散养都没问题。重行轻言，就是多做少说，有针对性地潜移默化。

孩子的声音

有一个词叫做“顿悟”，意思是人在积累了足够多的经历和思考之后，忽然有一天就明白了一些道理，完成人性的升华。这个概念我是很喜欢的，也很符合我的审美，但是在教育中，这个概念并不适合。

我们常见影视作品中有这样的桥段，说一个孩子，打架斗殴、逃课上网，不学习还老是顶撞父母，很坏。然后，由于一个特殊的时机，他的父母，或者老师，或者某个长辈，跟他促膝长谈一番。谈到要害之处，孩子一下子就“顿悟”了，痛哭流涕地承认自己的过错，从此之后改过前非重新做人。

这不是一个好桥段。很多家长由于受这样例子的影响，总是试图跟孩子在“长谈”中解决问题，总是说“来，孩子，我跟你聊一聊”，然后就希望能把孩子聊得痛哭流涕、痛改前非。老实说，这不现实。就算家长真的能做到，又为什么非得要等到孩子出错了、走偏了，再去用这种方式纠正呢?

所谓善战者无赫赫之功，教育，在于潜移默化。

很多家长说自己的孩子到了初中就不愿意学了，很愁人。其实问题不在于初中，而在于小学。孩子不是到了初中就不愿意学了，他是一直都不怎么情愿学习，只是到了初中，各方面成长了，让他感觉到有反抗的力量，这些问题才更加明显地表现出来。根本在于，家长在孩子上小学的时候，没有让孩子建立起良好的学习习惯，没有让孩子真正意识到学习的重要性、让孩子爱上学习。这才有了孩子到初中以后“跟不上”或“不愿学”的问题。

教育孩子，是一个潜移默化的过程。很多人喜欢用修剪树枝的例子来比喻对孩子的教育，我并不喜欢——为什么非得等到孩子长分叉了再去修剪，孩子不会疼吗？往往等到问题出现时，其实就已经晚了。

教育在于潜移默化，在于家长的言传身教，是家长与孩子在长期生活中共同完成的。这需要家长有耐心，有恒心，更需要家长有智慧，能够看到问题的根源。此时不教，后时再教，往往为时已晚。孩子最容易被塑造的，是童年时期，若时期已过，再想去通过“长谈”“顿悟”来改变孩子，太过理想，太不科学。

第二课的思考题

潜移默化不仅不会使孩子产生代沟、逆反，而且能于无声无息中促进孩子在自我改造、自我循序渐进中成长。在没有冲突的情况下，把问题解决好，把坏毛病改掉。你平时这样做了吗？请把精彩的经验写出来，教教大家。

第三课

闪光与亮点

行家面前一开口，便知有没有。有时在不同的孩子面前，提同样的问题，他们的回答是不一样的。因为每个孩子的本性不同，所接受的教育也不一样。所以，从问话中就能发现孩子的长处或不足。从平时的点点滴滴处事中捕捉孩子的闪光与亮点，然后加以培养，成功率就会大些。这需要父母们用一双慧眼仔细观察。

万丈高楼平地起，远航始于足下。我们想让孩子将来成为一个有理想、有抱负的人，不能光想不做，否则就属于好高骛远了。任何一个宏伟的目标，都需要从现实中一点一点地做起，把无数个“小”积累起来，才能成就“大”。我们现代的教育有很多误区，无论家庭教育，还是校园教育都有。一味地让孩子读书学习，甚至强硬地压迫孩子学习、读书，在家里什么活也不让干，只要好好学习，什么都给买。这种教育体系是不科学的，读书、学习、做事是离不开生活的，如果不会劳作、不会生活，那么读书学习都是纸上谈兵。一个伟大的人物，往往都是经历了恶劣的工作环境后，才能真正地找到自己，体悟出圣贤之道，精炼出闪光与亮点。

所以，孩子自小能够半工半读，才是最好的教育体系。把学到的知识，随时随地地用到实际中去，去扎根、去创造，才是最完善的教育。

同一件事情发生在不同人的身上，是有着不同的反响的。有些事在你这觉得艰难异常，而在别人那里就觉得简单，或很一般平常。有句话说“成也天性，败也天性”，就是这样的道理。真正对孩子有好处的事，不在于事情的本身，而在于他们能够从中体会到什么？从孩子的经历与反应中，找到突出的长处和与众不同的表现。比如有的孩子写文章有天赋，有的孩子对画画很感兴趣，有的孩子对数学比较敏感。这就是造物者对大千世界塑造的美妙所在，而我们也一定不要错过发现的机会，不然就是做家长的失误。人做事的成败，兴趣与天性占很大的比重。你发现孩子的长处，早早地重视培养，你就抓住了孩子的闪光与亮点，成就他也许不是那么难。如果不善于发现孩子的长处，最好要让他自由发展，学习上多关心他的爱好，要比强制扭曲的要求好得多。

笔者要推荐给大家的这套“家庭教育三部曲”，就是根据孩子思想成长的三个阶段来写的。孩子自小天真浪漫，见山是山，见水是水，我们大人给孩子的教育，要重根轻叶，不失孩子天真活泼之本源。孩子长到青少年时期，觉得自己什么都懂了，不再愿听大人唠叨，而自己还并未成熟。这个时期，见山不像山，见水不像水，我们给孩子的家教，要重内轻外，这样才能促进孩子的思想成熟。再长大些时真正成熟了，也就到了“见山仍是山，见水仍是水”的时候了。重行轻言适合每个阶段的教育，再者孩子的闪光与亮点也不一定突出在那个时期，我们家长一定要在孩子成长的每个阶段都不放弃细细观察，发扬其长处。

例如：我从小是在农村长大，小时候家里连电视机都没有。所以，在我上学的时候，农村的父母们并不重视孩子的学习。相反，多数家长盼着孩子能早为家里分担负担。我有个同学家里子女挺多，最小的一个弟弟比我们小十七八岁。由于哥哥姐姐都长大打工了，家里的条件不错，父母一心想供这个最小的儿子上大学。可是这个小男孩不怎么爱学习，就喜欢鼓捣无线电，家里的收音机新的旧的，他都找来拆了装、装了拆。父母看见了就批评他，让他多些精力做功课，说哥哥姐姐都挣钱了，都愿意把他供成大学生。那个时候在农村一说谁谁考上大学了，父母脸上可光彩了。我和同学也说过，如果他真的喜欢维修，就学无线电也行。可大人们觉得当个维修工没出息，一定要考个好大学，然后当官、开银行才有面子。

有一次，家里人吃饭找不到这个孩子，全家人出门到处找，后来在一个放草的小屋找到他，他正偷偷地收集了好几个电器在那摆弄。找回来又是被大人一顿骂，如没出息不知道好歹、不务正业等。

再后来这个孩子是考上了县里最好的高中，但毕业后复习了两年也没考上好大学。因此，思想压力很大，也经常被家里人嫌弃，慢慢地他开始不在家待，去亲戚家串、去朋友家住，不管到哪都告诉人家说家里人虐待他，不让他吃饱饭，有病也不给治疗等。开始大家都认为是真的，很同情他，让他多住几天，还责备他家人，可是他家里人却说根本就是没有的事。他总是说有病，去医院又检查不出来，他就怪医生不够格。久而久之，这个孩子精神失常了。有一次，他来我家，我耐心地劝导他，细心地照料，到处找名医希望能治好他，可是医生都说这种病很难痊愈。

说实话，每每提起他，我的心都隐隐作痛。在这个社会中，职业是没有高低贵贱之分的，钱财和地位怎么能和生命中最珍贵的东西相提并论呢！就好比买鞋子，大号小号一样的价钱，我们买大的合算，但并不合脚。泯灭孩子的天性，扼杀他的爱好，是有罪过的。

孩子的声音

人的天性中，并不喜欢被批评。

这是一定的，没有人真的喜欢被批评。当一个人能够笑着接受批评时，他一定是在接受批评带给他的建议和进步，而不是带有些攻击性的语言本身。人是高等动物，就既意味着人具有超脱于动物兽性的高贵一面，也有着根植于动物兽性的本能一面。没有动物喜欢被攻击，所有的动物都喜欢安全和被奖励。

理解了这一点，我想家长们对于如何教育自己的孩子，肯定会有更多的想法。一个人，能够善于接受批评，并且内化批评带给他的建议，这是教育带来的能力，而非与生俱来的本能。人的本能是喜欢被奖励的。

孩子刚刚来到这个世界上，他的能力都将是由家长赋予的。这就包括了接受批评的能力。在他的人格成长之前，他还带有着相当多的、自然赋予他的本能，就像个小兽一样。这些本能决定了他喜欢被鼓励，喜欢被奖励，喜欢家长对他表现爱，而不是责怪。

爱是一个孩子成长必需的因素，是他成长的巨大源动力。所谓“爱之深，责之切”，这是小小的孩子所不能理解的。当一个孩子受到批评时，他本能地会觉得这是“不爱”的表现，所以才会哭闹。而用“妈妈不爱你了哦”来威胁自己的孩子、试图让孩子修正行为的方式，不客气地说，是非常目光短浅的方式。因为在这个过程中，孩子的行为虽然更正了，但是孩子的爱却流失了。

那么，如何才能让孩子知道，家长塑造他不是因为家长不喜欢他，家长修正他不是因为家长对他不满呢？这就需要家长们能够发扬他性格中的闪光处和亮点。

对，“发扬”，而不是“修正”。这两者的逻辑区别就在于，修正是提出批评，修改坏的；而发扬是表示鼓励，扩大好的。“修正”让坏行为被修改，但孩子受到了影响；“发扬”则是让亮点扩大，而孩子收到的是爱和鼓励。

比如说，孩子过分吵闹顽皮，给家长带来了很大苦恼。那么家长应该如何做呢？如果选择批评，直接让孩子纠正自己吵闹的行为，这无疑是下策。家长应该转换个思路，去表扬孩子“懂事”“通情达理”。家长可以说，“哎呀，宝宝上一次真乖，妈妈因为工作的事情正烦着呢，宝宝就知道不来打搅妈妈，真是懂事，妈妈奖励你一块糖吃”。这样，孩子就会受到鼓励和奖励，他就会自觉地去扩大自己“懂事”的一方面，甚至会引以为豪。

让孩子知道什么是对的，比让孩子知道什么是错的要好，虽然两者都通向一个结果，但给孩子带来的影响却完全不同，前者使孩子自信，后者让孩子受伤。

第三课的思考题

家庭教育要重根轻叶、重内轻外，并捕捉闪光与亮点加以培养。你赞同这样的观点吗？

第四课

正确对待

人不光是读书、学习才能获得知识，我们身边随时随地都可以获得知识。在家洗碗、扫地，出门一草一木、一山一水，都隐藏着知识，让孩子学会边学习、边做事、边体悟，并且能正确地对待一切。

正确对待自己，正确对待别人，正确对待学习和做事。只有掌握了正确的方法，得失不失其常，才能使自己不心烦意乱，有定力地控制好各种情绪的波动，使自己的心静下来，清醒地看透一切，做事才会有成绩，才会积累下摇不动的根基。正确对待一切，有利于使自己的德行与智商平衡发展。

越是聪明的人，越是一不小心就会使德行受损，而德行受损毁的是生命的根基，所以人宁可让聪明受损、财物受损，也一定不要让德行受损。正确对待就是一杆秤，随时量定着聪明和德行的分量，使其两头分量相等的同时，才能促进智慧最高最大地提升。教育孩子时刻记住，做人的本分排在首位，其次才是聪明。

人无论学习还是做事，要经常沉下心来，理清思想，找到正确的顺序。否则，颠倒了顺序，分不清左右，往往会犯错或陷入迷途。不管做什么事，学什么知识，里面都会有一定的因果关系，只有把先后的因果关系理顺了，做起事来才正确而有意义，才会得到提升进步，才会离成功越来越近。

谈到正确对待，最难的应是人际关系方面，能否处理好身边所有的人和事。无论是家庭关系还是同事、领导关系，或朋友、同学、战友关系等，想与所有人处好关系，做到自身和谐、家庭和谐、社会和谐，不是喊喊口号那么容易的事。我们不但要练心胸，也得让孩子对正确对待的认识更深刻。

有时候，有些事不能计较太多，即便是我们占理，觉得是正确的想争一争理，也得看清环境以及对方的人性，值不值得计较。否则，往往是越争损失越大。所以，正确对待在不同环境、不同时期和不同人的情况下，要往更深层次里去理解。尽管别人不正确对待我们，甚至环境不利于我们，但我们依然要保持正确对待别人。一个总是自满、傲慢或怀着成见的人，就算是天降甘露，也无法流入他的心田。内心里种植太多的荒草，是长不出好庄稼来的。因此，经常清理自己的内心，将以往的种种不愉快及时忘掉；给自己的内心留一片空间，让阳光照射进来，这样才能获得更多的知识，有更新的成就。如果一味地抱着过去的事不放，总是纠结谁谁对我不正确、不公平，我凭什么要正确对待他，那将会长期活在过去的阴影里边。回忆会让人的心经历一次次的不平静，聪明的人会彻底忘掉不愉快的事，让过去的事不再重来。

总之，我们家长和孩子一起练心胸，无论别人对我们有没有正确对待，我们都应该正确对待别人。以牙还牙等于是学别人的不好。要用正确心态对待一切不正确的态度，战胜不公平、不正确的待遇，一切向前看！

例如，最近发生我身边的两个案件，让人非常惊恐，而且都是年轻孩子所为。

一个是开公交车的司机和售票员，与客户发生纠纷。因为十元钱，坐车的人就说给过钱了没要票，售票员说根本就没给过钱。两人一直吵到终点站。司机停车后就跟售票员一起，和这个顾客打起架来，结果是一人轻伤、两人重伤进了医院。

另外一件事故更可怕。一天午饭时分，一个在建筑队打工的人去烧鸡铺买烧鸡。称好多少斤算好了多少钱，他身上带的钱不够，差四元钱。他就和卖家讨价还价，想拿走烧鸡不给这几元钱，卖家不同意，话说得很难听，如吃不起别买等。这个买烧鸡的人转身买来把剪刀，把卖家扎伤了。卖烧鸡的这家儿子年轻气盛，怎么受得了父亲被扎伤，他随手抢起菜刀，追到街上冲这个人连砍几十刀。这个买烧鸡的躺在地上喊救命，卖烧鸡的这家的儿子边砍边骂，当场的情形被人拍了视频到处转发，惨不忍睹。

类似的事件何止这两个，经常听到因过激造成的惨状。就说这两件事故吧，一个是因十元钱，一个是因为四元钱。那么，人的生命又值多少钱呢？为什么会因几元钱，就没有了自己？还是说就算没有这几元钱的事故，也本来就找不到自己的思想与灵魂？如果没有发生这事故前，问这几个人，给你一百万元，买你一只胳膊你卖吗？或给你一千万元，买你一条腿你卖吗？恐怕都不会卖的。

人如果没有知识和修养，不净化自己的思想和灵魂，顿忘圣贤之道，连自己的生命都不懂得珍惜，是多么可怕的事啊！因此，社会上应该有长期的父母学校、家长培训班。此事刻不容缓，一代人会影响几代人。

孩子的声音

在前文中曾提到过，孩子其实就是一头小兽。他有着动物的诸多本能和野性，这些本能是大自然赋予我们，使我们更好生存的。但人作为高等动物，超越了这些野性，构建了文明。

其实，正确对待身边的一切，关键就在于正确对待个人的兽性。在家庭教育中，又分为父母如何对待孩子的野性，和父母指导孩子如何对待自己的野性。

我们经常会听到“玩是孩子的天性”这样的话。其实不仅仅是玩，吃喝玩乐，享受物质生活，攻击与掠夺（比如争抢玩具），不接受批评和指责……这些都是孩子的天性。家长们对这些应该有一个根本的认识。《三字经》上说，“人之初，性本善，性相近，习相远”。其实除了“性本”，人性中还有着许许多多的因素，这些野性总是会在生活中跳出来，让家长们感到苦恼和意外。孩子老是玩游戏怎么办？孩子跟人打架怎么办？孩子总是吵吵闹闹不听话怎么办？在解决这些问题的过程中，就需要家长能够正确对待。

我曾经听到过有个家长对孩子说的最恐怖的一句话，就是

“我怎么生了你这么个东西”。这句话是非常可怕的。由于家长不能够正确对待孩子在生活中展现的野性本能，而使得家长对自己的孩子感到了厌恶——家长厌恶自己的孩子，这就是非常可怕的一件事！孩子的成长，是必须要爱作为动力的，没有爱，孩子哪里来的能量去纠正自己的野性？家长不能正确对待孩子的野性行为，反过来对孩子进行非常可怕的指责，这会让孩子感受到被抛弃和无力，也只能起到反作用。

那么，作为孩子，又应该如何正确对待自己的欲望和野性呢？这就需要通过家长的教育。

其实，请诸位家长自己想一想，大家自己在生活中，有没有正确地对待自己的欲望，有没有正确对待自己身边的一切？如果有，那么家长需要做的是，把这些经验传授给孩子；如果没有，那么请家长们反思一下。没有人能够教给别人自己没有的东西，哪怕是家长教孩子。

正确对待身边的一切，其本质，是如何正确对待自己。孩子就是这样一个需要被正确对待，也需要被教育如何正确对待的小兽。

第四课的思考题

正确对待一切有利于使自己的德行与智商平衡发展，越是聪明的人，越是一不小心就会使德行受损。德行受损毁的是生命的根基，所以人宁可让聪明受损、财物受损，也不要让德行受损。请想一想并对照一下你经历过的事，是这样吗？

第五课

心理的健康与成长

世界上最宝贵的是人的生命，生命中最宝贵的是健康，而身体的健康多半取决于心理的健康。一个人内心的强大与自信，是成就事业的重要因素。不管外物外事如何改变，内心强大与自信之人都能够坦然自如，不乱阵脚。

心理健康离不开心理卫生，道德是一家心理上的保健医院，也是心理健康的守护神。“罪业本空由心造，心若无孽罪亦空”。我们应该经常用道德的准绳测量自己的行为，清除所有容易注入到心里的垃圾。

一个孩子的心理健康成长，来源于父母的言传身教，来源于家庭环境的感染，好家风、好习惯以及家长良好的性情，都是能让孩子心理健康的因素。家长如果对孩子没有责任心，孩子的心理健康则无从谈起。对于孩子，我们总是能看到他阳光的一面，即便触摸到不好的，也要找准不好的原因，想办法使他从阴影中走出来。

其实教育首先应该是感染和感化的力量在起作用。真正有智慧的人，总是用真心换真心的方式教育子女，感染周围的人，关心关爱他人的感受，胜过关心自己。自然他们收到了也懂得了回馈。做人的厚道、敞亮，会让自己觉得没有什么好怕的。怕这个字是心理健康的大忌讳，只要我们心里充实，而且懂得努力后不强求，面对别人的不公平不公正，做到让三分、做到忍耐。遇见挫折会排解自己的不快，改变不了环境，改变不了别人，就改变自己，这样的人永远不会钻死胡同，也不会由于心里有承受不了的事，一时冲动变态走弯路。总之，我们要时时刻刻不忘修炼自己，扬长避短，扬善弃恶。

感染孩子以及身边的人，让他们生命中充满阳光，相信蜜蜂总是能看见鲜花酿出蜂蜜来；消灭总是喜欢叮着垃圾的苍蝇，不让他们有传播细菌的机会。再坏的人也有善的一面，感化敬重会触动他内心深处的软肋，使其彻底地改变。

另外，我们要懂得感恩。祖先的教诲，师长的指导，父母的养育，家人、朋友、同事以及身边人的帮助，哪怕人家是无心地帮了你，但只要你从内心感受到了恩惠，就一定记得回报。只有心中有恩的人，才会懂得感恩。

做人要诚实，不要想着用阴谋诡计取巧，否则反而会使自己为人耻笑，受伤害的是自己。阴谋诡计正是不利于心理健康的大忌讳。

要做个会修身养性的人。不管遇上什么样的人、什么样的事，抱怨只能会使事情更糟，吵骂也只能传播没品格。安静思考，才会产生智慧，有了智慧才有了解决问题的方法。保持积极主动进取、乐观向上的人生态度，是心理健康的表现。

告诉孩子，把生活中的一切不如意的事，都当成磨刀石。能忍过千般苦，才能冲破万重灾，人生不磨不成器，心胸太浅、性子太躁，就得经历人生的磨难和挫折。万法唯心，万法唯识，只要心中安宁，办法总是比困难多，不管遇到什么，都一切安静如常。如果心中不安宁，困难总是比办法多，哪怕一点风吹草动，都会让自己陷入烦恼之中。因此，不失去生命根基里的德与善，不失去做人的原则与根本，好好磨练自己的性情，就会拥有一颗强大的内心与自信，让自己的人生永远幸福快乐！这才是人生取之不尽用之不竭的宝藏。身外之物都是浮云，左右得了我们一时，左右不了一世。

心理的健康成长，能让本不是很聪明的孩子，越来越有智慧。心理不能够健康成长，会使聪明的孩子越来越傻。

例如：有个小男孩上幼儿园大班时，和我家孩子一样大，这个孩子看上去很结实，大眼睛炯炯有神，问他什么都反应敏捷，天资很好。小学三年级之前，他还在班里数前几名，后来却学习越来越差，而且见人就低着头走，做事玩耍总是畏畏缩缩。听周围人与老师议论，说这个孩子在家里挺受气。他有两个姐姐，二姐和他相差不到一岁。有了两个女儿后他妈妈就不想再要孩子，可是他爸爸没儿子不甘心，在外面做生意时，和饭店的服务员生了这个孩子，抱回来时都挺大了。他妈妈为了两个女儿忍气吞声地养着他，吃饭、买学习用具什么的都给他两个姐姐用好的，给他最差的。他爸爸在外地做生意，好长时间回来一次，只要听说他成绩下降，就又打又骂，望子成龙又恨铁不成钢。后来这个孩子勉强上了中学，就去外地打工了。我敢说这样心理不健康的孩子，今后做什么都很难有成就。

另外一个男孩的情况，与上面故事里的孩子情况相反。这个男孩的姐姐不幸得白血病死了，父母生了他取名叫壮壮，意思是他们只求孩子能健康成长，不求别的。孩子上幼儿园和小学初期，学习成绩一般，没有什么突出的地方。有一次他妈妈送他去上学，路上遇见了班里最笨的同学，大家都给他取外号叫“傻子”。壮壮喊了声他的外号，从来没打过壮壮的妈妈打了他一巴掌，并教育他说：“嫌弃别人傻的孩子，自己也不会聪明到哪里去，今后再也不准这样叫人家。”而且壮壮妈妈把此事反映给老师，请老师告诫全班同学，一起帮助这个笨孩子，谁都不许嫌弃他。在这位伟大妈妈的提议下，这个笨孩子学习越来越好。而壮壮到了中学和高中，已经是班里很优秀的学生，成绩名列前茅，还当了班干部。

我讲的故事都是发生在我身边的真人真事。如果一个人连自己生命的延续都不懂得珍惜，那么还有什么是值得他珍惜的呢？只是为了自己可怜的虚荣心，才把孩子带到这个世上的吗？那么，你自己的心理都不健康，孩子的心理健康从何谈起？

心理健康必不可少的包括：一是做人的德与善能坐稳心中的殿堂，使一切邪恶的妖魔鬼怪不敢入心室；二是修身养性能增加心胸的宽度和韧力，使其能忍让能包容；三是磨炼心性使承受能力更上一层楼，你的心有多大，你的世界就有多大。做事才能运筹帷幄之中，决胜千里之外。

孩子的声音

对于孩子的教育，无论是希望他拥有一个正直的人格，还是希望他形成一个良好的生活习惯，其实最重要的还是希望他能够健康。我相信，每一个真心爱着自己孩子的家长，除了成功、正义、高尚等期许之外，最希望的还是孩子能够健康。

什么样的孩子，是不健康的孩子呢？自杀、自残、颓废、自我毁灭、破罐子破摔，这些都是非常鲜明的不健康表现——不要以为我在危言耸听，事实上，这样的悲剧并不少见。即便事情没有严重到自杀自残的程度，但是自卑、懦弱、刻意讨好别人、难以在公共场合发声，这样的例子我们并不少见，甚至可以说比比皆是。家长都希望自己的孩子能够落落大方、不卑不亢，但是现实生活中，孩子往往在这里或者那里有着各种各样的缺陷。

正确对待缺陷，因为没有人是完美的。但我相信没有一个家长会忍心看着自己的孩子在自己人格的缺陷中挣扎徘徊。那么，如何才能够使孩子获得心理的健康成长呢？

我认为，原则性的问题，就是爱。

心理学上讲，“安全感”是可知感和可控感，换句话说，是一个人对于某些事物具备了解、掌控的能力，此时他就会有安全感。而当他缺乏安全感时，他就会惶恐，为了解决这种惶恐，他会选择做出改变。

爱，是家长能够给孩子的最大的安全感。如果一个孩子认为自己的家长“不爱”自己了，那么为了不让自己过分痛苦，他就会做出改变。比如，叛逆，也就是不再对家长的爱抱有期许，或者和自己的同学抱团取暖，用友谊来填补自己，在家长的眼中这就表现为结伙混混。早恋、聚众斗殴、玩游戏，这些都是孩子试图获得安全感和认同的表现——当事情走到这一步，其实已经有些晚了。

家长们会说，我怎么不爱我的孩子，我很爱我的孩子啊！我给他买好吃的好喝的……但是我要说的是，您爱不爱您的孩子，您说了也不算，孩子说了算。孩子自己感受到的爱，才是有效果的爱，孩子没有感受到安全感，那就不是有效果的爱。

很多家长在平时生活中经常会对孩子提要求，甚至会有“如果你不怎么样怎么样，妈妈就不爱你了”这种句式，会让孩子意识到，家长对他的爱是有条件的——比如学习好，比如听话——这就会让他感觉到不安全，因为“条件”本身不能被他控制。很多夫妻之间吵架，发泄到孩子身上，或者家长心情不好便对孩子使脸色，这些其实都是非常不好的习惯。这些行为会让孩子感觉到不安全，久而久之，爱的缺失会迫使他做出改变——这种改变，往往就是“不健康”的。

希望家长们能够充分意识到这个问题。孩子的心理健康与成长，最重要的因素，是家长给予他的爱，长期的、可控的、富有安全感的爱。爱能使他健康地成长，而不安全感则会使他慌张，发生不健康的改变。

第五课的思考题

育人先安心，安心寻善根，德为护心神。心理健康与成长是生命之根源，家长们切记不能忽视。作为家长，你注重孩子的心理健康与成长吗？你是怎么做的？请写一写。

第六课

思想的开拓

“丈夫自有冲天志，不向如来行处行。”不单靠外在的力量，不光走前人的路，而是在此基础上创造新事物，走出自己的路来。

宋朝翰林学士苏东坡有一首诗：“横看成岭侧成峰，远近高低各不同。不识庐山真面目，只缘身在此山中。”也就是我们平常所说的当局者迷旁观者清。思想开拓就是要让我们跳出事去看事，不拘泥于现象里边挣扎。当然了，我们处理事情也有几个阶段，从认识到全部了解，从主观到客观分析，然后再从事里走出来，跳出事来看事，才能成功。凡事能走进去走出来就是成功。所谓的深入浅出，就是讲人或事，在每个阶段所体现出来的不同的必有现象。

培养孩子也是这样。充分地认识他的天性，仔细观察他的闪光与亮点，注重身体健康的基础上，从处事与学习上开拓他的思想，陪同他破解人生的一个个谜团，一起走向更广阔的天地。

思想的广度，决定人生的格局有多大。别有意地给思维设障碍，设限度。人生的价值，不在你拥有多少外在的财富，或什么样的地位。再高的官也有退休的时候，再多的钱也有花完的时候；只有思想的宝藏才越挖越多，思想里的财富是取之不尽用之不绝的。因此，一定要让孩子学会独立思考。把别人夸夸其谈的时间，用在安静的思考上，才能有发省自身真正的力量。如果你保持这种良好的习惯，你就会成为别人思想上的引领者，成为能给别人提供智慧的人。

才涉思维，切莫妄断。不管看人还是断事，都不要过早地下结论，不要过早地让自己的初识定位。了解得不详细、不全面时，看到的未必是真实的，主观认为的更未必是真实的。如果你把伪真实的一面，已经过早地当成了真实的，往往是有了真实的结果，你也会逆反不认可，只想保住你的最初断言，这样你离真实会越来越远。有可能还会因为你的处理不当，而伤害了对方。就好比警察破案断案，对事情与人了解得并不深入，过早地下了断言，冤假错案会使多少人受到无辜的伤害。所以思想不开拓、不深刻，处事轻浮，是我们做人做事不能够扎根的主要原因。

佛家的金刚经里讲“凡所有相，皆为虚妄”。人的思想不要固化不变，要经常翻出来折腾折腾、沉淀沉淀，才能够不断有新事物发展。但要处处知觉悟，时时懂反省，找准方向，开拓思想。

我举两家大人的例子，让大家体会一下，只有家长遇事思想开拓了，才能感染孩子的思想。

故事一：有一个村庄里，两户人家争一片宅基地。本来这片地方是张某某家的，李某某硬是找些理由跟张家争。为此事两家没少打架。有一次打得最厉害，张某某重伤住院，家里人报案后打起了官司。据说李某某本是没伤着，可不知怎么着这官司打来打去，张某某出院后还得赔李某某钱，张某某因此事心里火窝大了。隔了一段时间两家再次因宅基地闹起来，张某某拿了把刀去了李某某家，趁他们一家人晚上睡觉不注意，杀了李某某一家三口，连几岁的孩子也没放过。

故事二：下面要讲的是在我十几岁时，老家发生过的一件事。有一家人没有男孩，生了三个姑娘还想再要孩子。因计划生育管得紧，女主人怀孕后他们一家外逃不归，村里乡里把他们家的东西都拉走了。他们铁了心地不回来，管计划生育的工作人员又把他们家的房子给拆了。当时我们亲眼所见，用两条大钢丝绳，从门和窗户穿过来，再把钢丝绳的两头系在拖拉机上，用力把房子拉歪了。大人们都在议论纷纷，说这可怎么过啊！为了这个孩子一家人要饭去吗？我父亲可心疼他家房子了，觉得农村盖个房子不容易，没少给乡里村里的领导说好话，说想办法把他们找回来，别拆房子了。最终谁都没挡住。又过了几年，这一家人带着四个孩子回来了，盖起了村里最好的房子，家里的经济条件在村里也是数第一。听说当初他们知道家里什么都没有了，就带着几个孩子在外面找事做，也正好赶上刚改革开放，国家政策好，一家人起早贪黑地卖青菜水果，女儿大了就多租几个摊位卖，后来一家人卖青菜水果发财了。

我讲这两个故事的意思，是想说人的思想要开拓，不该拘泥于一件事里死拼。

人没有绝路。如果张某某思想开拓，都让给李某某又能怎么样呢？觉得受气忍不下去了，出去这个村子也不一定没有活路啊！再者，公检法的执政人员，一不能贪婪、歪曲事实，二要思想开拓把人家的冤屈审清问明。不然，这个社会的稳定，他们负有很大的责任。

所谓“正己才能化人”，我们家长的思想会直接影响孩子。

孩子的声音

家长能够给予孩子最珍贵的礼物之一，是让他尝试人生的无限种可能性。

我记得在我上小学的时候，我的母亲会经常地让我参加一些征文比赛。老实说，以我现在一个青年人的视角去看，那些比赛并不是非常正规，我自认为自己并不是非常有写作天赋，但是仍然获得了许多奖项。虽然这些比赛都不怎么具备含金量，但是不断地获奖却增强了我的自信心，心里获得了极大的满足。我从此爱上写作，爱上思考，最终把文学定位为我人生的终极目标之一。从小学到高中，我的文章都经常地获得赞誉和夸奖——而这一切的来源，都是母亲小时候鼓励我参加的那些征文比赛。

我举这个例子，就是希望说明，人生的广度往往受制于童年的经历。写到现在，很多人都认可我具备所谓的“文学天赋”。但是真的如此吗？这种所谓的“天赋”难道是与生俱来的吗？我认为不是的。我自认为自己不过是有一点小聪明，而能够写出获得别人认可的文字，究其根本，是因为我一直不间断地练习。因为热爱，因为自信，最终我展现出了一些所谓的“天赋”，而这，归根结底，要感谢我的母亲给我报名参加了那些征文比赛。

一位学音乐的同学告诉我，有一种音乐神童，叫做“世家子弟”。音乐世家，祖辈都是搞音乐的，那么他从小听钢琴、弹钢琴，学音乐、唱音乐，最终表现出来超越常人的音乐天赋。这种天赋，你很难说它是与生俱来还是后天培养的。但是无所谓，“优秀”这两个字是实实在在的。

家长能够给孩子最珍贵的礼物之一，是让他尝试人生的无限种可能。他也许在音乐上稍有天赋，也许在数学、语言、电脑、运动上超出常人。家长们给予孩子足够多的金钱、精力和鼓励，让孩子去尝试不同的类别，最终找到他真正的热爱之所在。这，我认为才是最适合一个孩子通往“成功”的、正确的童年教育。

一个孩子人生的广度，往往在他的童年时期就有所模型。当他尝试过许多、经历过许多，他自然就拥有了与同龄人不同的广度。在不断地尝试中，他收获了各种各样的经验和能力，这些能力汇聚起来，就是他思想的开拓程度。

开拓，必然会有挫折。而鼓励孩子试错，允许孩子试错，甚至陪着孩子一起试错，我想，这是家长们在塑造孩子人生广度中最应该做的事。

第六课的思考题

“丈夫自有冲天志，不向如来行处行。”不单靠外在力量，不光走前人的路，而是在此基础上创造新事物，走出自己的路来。开发智商，开拓思想，你有好的办法吗？请写一写。

第七课

扎实与变通

求木长者则固其根基。“熟读唐诗三百首，不会作诗也会吟”。所谓的“因缘成熟”，这个“因”就是日积月累的扎实努力，“缘”就是悟道的成熟性。

任何事情都一样，要想获取成功，必须有一个过程，把过程的点滴汇集成海，像水滴石穿那样，才能迸发出强大的力量。如果粗心忽视过程的重要，急于求成，往往会白忙活一场。不管做什么事情，必要时可以采取非常手段，但心中一定要有一份虔诚心在，这份虔诚心就是做人做事扎实的根源。凡事有根源，有了勤奋，就能够在平常中发现不平常，在看似相同中发现不同。这样有利于从量变中找到质变的机会，产生新的事物，引领新的发展。勤劳创造是我们中华民族的美德。人类需要发展，事物需要更替，世间之事变化无常，但我们对做事的虔诚心不会变。勤奋的思想升华着精神，扎实的根基是摇不动的。这样才能够以不变应万变，而万变不离其宗。去实现我们一直追求的梦想，实现一个个远大的目标，这就叫变与不变的道理。变的是方法，是发现个中的不同；不变的是根基，是确定的目标。根本与目标是摇不动的，路径不确定，变通的好处在其中。

让每一个孩子都有他自己的人生目标，并努力追求渴望实现理想。做事缺少虔诚，并且不懂得扎实去做的人，他们在追求理想的路上，形式会比较单一，不懂得变通，或变通的余地很少，一旦在追求目标的路途中走偏了，便会自怨自艾，失去信心。往往自己规划好的路，也会成为自己前进中的障碍。就像一棵树，根深才耐得住旱涝，经得起风雨。人性与思想也是同样的道理，要更深一层地寻根，扎扎实实地做事，把事做得稳固、细致、熟透，才会有摇不动的根基。另外，学习知识有很多种途径，做事也是有很多条路。让孩子门门通不如一门精，门门通往往会造成门门松。因为人的精力是有限的，贪多难以学精学细。门门通看上去知识渊博，懂得挺多，但都不扎实，经不起推敲，真正遇上事时常常是捉襟见肘。

我们把孩子带到这个世上来，用什么来证明他来过了？用他自己活着的人生价值，用他自己成就的事业。但成就一番事业是很不容易的。我在《生命之树的根》一书的第六课《天然的因材施教》中提到过，需要父母拥有一双智慧的眼睛，细心观察，发现孩子与生俱来的先天优势。先天优势，也叫“天赋”，是他自己与众不同的独特智慧和个性。然后充分地做到因人而异，因材施教。这就是从生命的初期就扎下了适合他的根基，以一颗淡定的心专攻一门，并要能够耐得住寂寞，在追求的道路上经得住蛰伏，不管有多少寂寞都能忍。这样扎实的孩子没有不成事的，最终都会成就他自己，并散发光芒照亮别人。

例如：上世纪90年代末我们住在安徽时，我家有个邻居是开饭店的，一家三口人，儿子在上中学。有一天他们在路边捡回来一个女婴，问我要不要领养。当时我孩子还小，也顾不过来。安徽省这个地方，尤其是农村山区，人很封建，常有丢弃的女婴。这家开饭店的大姐，看这个女婴长得很好也没病，就自己收养了。因为他们开饭店很忙，就把孩子寄养在一位老奶奶家。孩子长到五六个月时，闹肠炎总是不好，老奶奶怕有个好歹担责任，就把孩子送回来了。开饭店的这位大姐积极地给孩子治疗，去医院打吊瓶，可是好了不久又犯。再去找中医贴肚脐、吃中药，还是好了不久又犯。每次好了时，大姐就脸带笑容，对我说：“总算不拉了。”可没隔几天又犯。就这样反反复复，孩子都瘦得脱像了！怎么会这样呢？出于可怜这孩子，我开始和大姐一起关注这孩子的病情。经过详细了解，我发现了问题出在哪，主要因为没有注意饮食。婴儿在五六个月时，肠胃功能不够完善，健康的孩子在此期间也不能吃难消化的食物。可是这位大姐见孩子稍好一点，就舍不得喂奶粉，什么都给孩子吃，像油条也嚼给她吃。当时她的饭店生意不好，可能也是有困难吧。我赶快把以前家里来客人时送给我孩子的几袋奶粉，给了这位大姐，并告诉她一个月内只给孩子喝奶粉，什么也别给她吃。后来孩子痊愈了，这位大姐见面就说感激的话。我叮嘱她，即便是好了不再复发，在孩子三岁以里，像油炸、豆类、死面的食物，也尽量少给孩子吃，不是一点不能吃，是要适量少吃。

我讲这个故事，是想说明一个道理。这个道理很简单，就是在孩子的健康基础不扎实的情况下，是不能什么都吃的。同样，我们把这个道理用在孩子的学习或做事上，大家举一反三，悟出扎实与变通的过程，是不是需要瓜熟蒂落、水到渠成。往往越是聪明的孩子，越是学习不扎实，觉得反复地做一些基础题，很单调枯燥乏味。可是，基础知识是需要吃到嘴里嚼烂、咽到肚里消化后，营养到身体里，才能够做到举一反三，才能在扎实的基础上变通。如果忽视这个过程中的努力，往往会什么都做不好，甚至白忙活一场！

孩子的声音

我最喜欢的一名篮球运动员，叫蒂姆·邓肯。

他是一名朴实无华，但又十分伟大的篮球明星。在NBA这个高度职业化、商业化的联盟中，他始终保持着非常低的曝光度，几乎不出现在娱乐新闻当中。但他又是NBA历史上最伟大的赢家之一，是一个非常了不起的运动员。

他的篮球理念就是：“对的，就坚持；错的，就改正。”

这似乎是非常平凡的一条道理，平凡到很多人都没有认真去思考过。邓肯在他的篮球生涯中，深入贯彻了这一思想——当他找到对方的弱点时，总是会死咬着不放，直到比赛胜利；当他认为自己犯了错误时，总是勇于改正，而且是立刻就改。他失败过很多次，也成功过很多次。回顾他的篮球生涯，我们必须说，他是一名伟大的球员，他真正做到了“对的，就坚持；错的，就改正”。

扎实与变通，是一种智慧的两种体现。在如今这个浮躁的社会，我们必须学会扎实。在我母亲刚刚开始养殖獭兔的时候，隔壁有一个邻居也开始养殖獭兔。当獭兔市场低迷时，母亲调整规模，计算资金，咬牙坚持，而那位邻居则开始转行养殖种猪。半年过后，獭兔市场回暖，母亲熬来春天，大获收益，而那位邻居则由于种猪市场低迷和转行的花费，赔了很多钱。

扎实，在于坚持。浮躁风气下，频频转行往往意味着一事无成，扎实进步却能够收获成功。但是坚持，不意味着一条道走到黑。坚持是在坚持对的事，当你发现自己犯错误时，勇于变通才是应该做的，而不是死命硬撑。

扎实与变通，其实是同一种智慧。这种智慧就是“洞察力”，是对于对与错、成与败的精准判断。洞察之后，进而选择坚持或是改变，而不是咬住一边，要么硬撑着，要么随波逐流。

家长都希望自己的孩子成功，而成功，既需要扎实的心态，也需要灵活的变通。家长在教育孩子的时候，应该着手培养孩子的“洞察力”，培养孩子自己做决断的能力，只有这样，能最终让孩子学会何时坚持、何时变通。一颗沉着的心，一双智慧的双眼，才是扎实与变通后面的根基，才是坚持或改变的根本。

第七课的思考题

变的是方法，是发现个中的不同。不变的是根基，是确定的目标。根基与目标是摇不动的，但路径不确定。你理解这其中变与不变的道理吗？请按照你的理解写一写。

第八课

正 义

古人云："直道事人，虚衷御物。"意思是说："以直爽与道义之心待人接物，以虚怀与正直之心统御万物。"只要这世间颠扑不破的道理在，人间的正义就在。

一般情况下，家长不要用太多的好坏词来区分孩子，比如对孩子说："你看人家谁谁多好，你怎么这么不行。"其实，孩子是没有永久的好坏之分的，做过错事的孩子，只要家长善良正义，重视引导方法得当，孩子一样会做个好人。没有犯过错的孩子，如果是遇上坏人蛊惑，被人利用也容易做出错事来。

总之，孩子的好坏跟家长的引导是分不开的，正义就像白日里的阳光，夜晚里的灯火，为我们照亮着一切！

哪怕孩子做过什么错事，也不要看得太重，更不要经常提起来揭他的伤疤。告诉他不要紧，让错误成为过去，从今往后改过来，跟善良的人交朋友，跟他们一道去做好事。越是犯过错误的孩子，越需要家人的爱护，需要家人的温暖。用爱去化开他冰冷的伤处，帮助他清理掉心里的垃圾，这样才可以使他恢复健康良好的本性。

家长既是孩子的老师，也是孩子心灵与思想上的医生，时时把好脉，才能促成他各方面的健康成长。中医说："药养不如食养，食养不如神养。"正义的力量就是我们家长给孩子最好的"神养"。它能让做过错事的孩子，恍然大悟找到光亮的方向；它能让没做过错事的孩子，懂得永不做错事。

中医讲："人身体里的正气压不住邪气，人就会生病。"一样的道理，如果家长从思想上不能够用正义压住邪念，我们孩子的心理与思想也会染上病态。人都有善恶两面性，我们一生需要做的就是扬善弃恶，用正义压制邪念。这样家庭才会幸福，社会才会安稳。

人的错有各种各样，人的病也就有各种各样，中医治病讲究整体调理，温通化淤等。希望我们家长对孩子的教育，也要像中医治病一样，注重心理与思想上的整体调理，温通化淤，让正义压制住邪念。家长们多学点中医疗法，并把此疗法转化到家庭教育上来，对家庭教育肯定会起到很好的作用。

正义随时随地都有用，它显示在很多方面，很多层次里的道理都有正义所在。但最应让我们看重的，是一个大的方面的正义，就是要公私分明。人重情义是可贵的，但跟规定规矩比起来，就应该以固定的规定为标准，不然一不小心就会出大错。比如拿公物办私事，自己得利，使大家遭受损失。看似以权谋私帮朋友了，或自己得利了，其实这是没有智慧的表现，不懂得大爱只会看重小爱，这是世俗庸愚的思想，是丢了西瓜捡芝麻的做法。因为公是私的结合体，毁了公就等于伤害了每一个私。人要懂得公的重要性，不要拿公物肥私，要知道那是害自己。那就像毒品一样，觉得舒服就会一点点上瘾，上了瘾就会慢慢要你的命。因此，对公家的各种规定都要严格遵守。

我们家长这样做，也教育感染我们的孩子从小就懂得公私分明，不该拿的一定不要拿，君子爱财取之有道。这样会使孩子们从小拥有良好的品质和正义的思想，知道大爱重于小爱，一辈子走不了弯路，不会尝试“毒品”的害处。

例如：我一个好朋友的儿子从小心地善良，但脾气挺大，聪明可是不爱学习，贪玩还爱打架。

上小学的时候，他妈妈工作忙，我们两家住得很近，经常把他放在我家写作业。这个孩子跟着什么人就学成什么样，如果能说到他心里去，引发启蒙，你会发现其实他的智商挺高。记得当时我家养着一条小狗，我就让他和我儿子一起写一篇关于小狗的作文。他观察得很仔细，写的文章发挥很好。我告诉他妈妈应该好好培养他，这孩子在写作方面颇有潜力。小学期间他的作文在班里一直是名列前茅。

后来我们家搬到外地去了，这个孩子也去市里上中学了，从此联系得很少。

几年过去了，朋友再次见到我，说起孩子差点没哭。长大一点后妈妈驾驭不了他，喜欢去网吧玩游戏，打球、玩手机、上网等，还在学校经常打架。高中期间有两次老师不让上学了，他自己还去外地打过工。他妈妈是个非常好的人，不管孩子惹多少事，多费劲，从没放弃对他的教育。打架了就带孩子给人家赔礼道歉，给人家去医院治伤，整天整夜地在医院守护，并告诉对方家长："你们有气就打我孩子吧，我绝不拦着！"他妈妈让他和自己一起在医院照顾人家，并耐心地对他说："如果你被人家打伤了，妈妈会是什么样的心情？我们要将心比心。"有时候，他妈妈为了不让他晚上玩手机，就自己在客厅里坐一晚上不睡觉。当孩子半夜起来去卫生间，发现妈妈还坐在客厅里，终于感动地说："妈妈我以后再也不玩游戏不打架了，我一定好好学习！"他妈妈给他请了辅导老师，这孩子一年学完了高中三年落下的课程。有孩子找他出去玩，他总是说："你们去玩吧，我要考大学了。"

听到这我很替这个妈妈高兴，虽然她说自己不太懂教育，但一直都很有耐心地陪着孩子，终于把差点迷失方向的孩子拉回到正道上来了。一位平凡中不平凡的妈妈，用正义的力量和耐心的劝导，感化了孩子。

孩子的声音

我始终认为，一个孩子最应该接受的教育，是关于对错观的教育。

我们的社会正值飞速发展的时期，巨大变革使得人们开始普遍性的价值观缺失。在变革中，制度和管理的不完善，管制跟不上变化，造成了一系列的社会问题。

孩子接触社会越多，就越能感受到社会的一些阴暗面。那么，请各位家长设想，一个孩子在十几二十岁接触社会以后，当他发现这个社会“奖励”那些不正义的行为时，他为什么还要坚守正义呢？太多人都在追求金钱和利益，当他发现了攫取利益的“近路”时，究竟用什么来让他选择不走“近路”，而走正常路呢？

是大人们从小的对错教育。

我始终认为，人有趋利避害的天性，而从小的道德教育其实是在修正这些天性。家长不需要告诉孩子肉好吃奶好喝，不需要告诉孩子大房子比小窝棚好，孩子自己就能做出判断；但家长必须告诉孩子正义和道德的重要性，向孩子宣扬同情、善良、勇敢的美德，因为不是每个孩子都能自己走向这些美德。正所谓“性相近，习相远”。

在纷乱的社会中，坚守正义往往需要更大的勇气和智慧，需要我们放弃更多。当我们放弃阴暗手段能带给我们的利益，选择去坚守正义时，我们的内心往往能感受到宽慰和快乐——这是因为我们知道，我们在做“对”的事。

是谁呢，是谁告诉我们帮助他人是对的，迫害他人是错的?

是家长们。

我曾经问一位由于见义勇为而受伤住院的同学：“你为什么要这么做呢？”这个问题问出来之后，我们两个人都笑了。答案尽在不言中。

做“对”的事，不需要理由。

第八课的思考题

正义就像白日里的阳光，夜晚里的灯火，为我们照亮着一切！你平时在这方面是怎样要求孩子的，一定会有许多感触，请写出来。

第九课

真 理

百尺竿头不动人，虽然得入未为真。我们要追求永远不变的真理，就是学无止境。

在家庭教育的知识上也是如此，听来的道理是别人的，如果光听别人说，便跟着去做，犹如盲人点灯，有可能适得其反。只有亲自经历了做的过程，沉淀出自己的精华，才能将之真正地变成自己的。智者不是会得多，而是善于坚持。只有将会做的事坚持做下去，并能不断地从中体悟，方才有所成就。如果会了的事就放下不做了，跟不会没多大差别。

像佛法的知识，一向是有轮回说法的，讲究“前世因，今世果；今世因，后世果”。这也许就是生命的迹象，我们今天的收获，都源于昨天所做的；我们今天所做的，也会决定明天所拥有的，这才是生命本来的真实面目。如《金刚经》云，“应无所住，而生其心。”真理总是在寻寻觅觅中，若有若无。你认为是对的，可能会随着时间的改变而变得不对了，你觉得自己做过千遍的事情，未必下次就能做得很好。聪明的人，每一次做事都会当做第一次，让每一次都会有新的感悟。既要把心用在做事上，又要把心用在做事以外。因为每做一个环节，都需要停下来整理思路。在这个环节中，哪些做法可取，哪些需要更改或删除。周围的环境可能会变，但自己求真务实的作风不会变，谨慎做事、谦虚待人的态度不会变。理性淡然地看待人或事，真理会常伴身边。

一个人在得意的时候，顺风顺水、功成名就，有很多人愿意结交你，成为你的朋友，他们以认识你为荣，以能够得到你的帮助或恩惠，感到骄傲或自豪。因此，就有了“富在深山有远亲”的说法。这也是真理。一个人在失意的时候，遭受挫折落魄无助，对你有所企图的朋友都会离开你，并害怕你连累到他们，远远的不敢凑近你，因而也就有了“贫在闹市无人问”的说法。所以说“得意时，人会识你；失意时，你才会识人”。这都是真理。真理是会变的，有智慧的人会练就一颗强大的内心，能够以坦然镇定的心态应万变。无论是得意时还是失意时，是处在辉煌时刻还是磨难的情境中，真理永远伴随左右。

俗话说：“环境改变人，环境造就人。”其实一个人的内心够坚定够强大的话，在任何环境下都不会改变他的本质，都同样能散发能量。所以，一个坚强的人，环境是改变不了他的，只能是他会把握环境的改变，造就出更坚强的自己。无论处在什么环境中，他都会成为引领者、传播智慧者，都会成为众人的焦点。真理是永无止境的学习进化！真理是永无止境的追求与探索！真理是一次次成功后的鲜花！真理也同样是一次次失败与挫折后的教训！让我们和孩子们一起去探索与尝试吧。

例如：我孩子小的时候，我们家里出了一连串的事情，花光了几年的积蓄。因此到孩子上学的时候，当时的生活很困难，200元钱都得去借。但我们毅然决定，让孩子去上了县里最好的双语学校。2000年初期一个月200元的学费，对一个普通家庭来说也有很多舍不得，身边的朋友姊妹都说我。可是我觉得眼下没有钱，只要我努力做事，很快会有的；但孩子的这个年龄段过去了，一辈子找不回来，我不能让自己留下遗憾。因为我看好这个学校，它能走出去引进来新式教育，打破很多传统的应试教法。我向来都是个把事看成是事、不把钱看成是钱的人，力排众议让孩子上了这个学校。记得当时我还不服气，写过一首《轮回》——人生如梦有长短，贫富无常固定难。山不转时水在转，莫把今天当永远。

后来我做生意，家里的条件慢慢好起来了。到孩子上中学期间，我们把生意做到了省城，孩子也转学到了省城，还考上了省里最好的高中。就算是家里的条件最好的时候，孩子也从不奢侈。所以，当我做了十几年的产业项目，因种种缘故以失败告终，为了还债廉价卖掉一切时，身边的朋友又都说我："你什么都没给孩子留下，还耽误了他考大学，他会恨你一辈子的。"但我把卖掉一切的消息告诉孩子时，他说："挺好的，妈妈，我会帮着你一起还债。"为了逗我开心，他还说："妈妈是天上下来的仙女，不跟人结怨，还完债百年后还会回到天上去的。"

孩子的表现让我感到非常欣慰，如此势利的社会里，又有几个人不是以成败论英雄的呢！而我们母子无论是贫穷还是富有，都一样相依互助，共励前行！真情真理常伴身旁！

孩子的声音

"怕什么真理无穷，进一寸有一寸的欢喜。"——胡适。

真理是什么，哲学上并不能给出一个令所有人满意的回答。甚至连真理是否存在，都有着非常激烈的争论。真理，具有普适性，具有不变性，具有绝对正确性。然而科学的思想是证伪，是推翻自己，是自我否定。有人说，世界上唯一不变的是变化本身，这其实就是在怀疑真理的存在性。

对于我们孩子来说，真理是否存在，实在是太遥远了。家长们也不必让孩子在很小的时候就思考这些人类社会的巨大问题。对于孩子们来说，无论真理是否存在，求索真理的信仰必须要有。不能因为怀疑真理而怀疑求索的必要性，不能因为虚无主义而自我堕落。对于家长们来说，与其争论和纠结真理是什么、真理是否存在这种问题，不如去考虑一下，如何培养孩子求索真理的精神。

变是唯一不变的，因此所有的理论都会有它的极限和边界，都会有它错误的时候。但是求索本身是不会错的。中国人，从古至今就有着强大的求索精神，“天行健，君子以自强不息”，“路漫漫其修远兮，吾将上下而求索”，以及“怕什么真理无穷，进一寸有一寸的欢喜”。这些求索精神最终推动着中华民族，建立了伟大的中华文明。在教育孩子的过程中，无论大家认同什么样的真理，传统的或是现代的，保守的或是进步的，我都希望家长们着重培养孩子求索的精神，培养孩子“进一寸有一寸的欢喜”的心态。

好奇心，是所有人与生俱来的，它促使我们探索、研究、进步，带给我们挫折，更带给我们欢乐。好奇心，也是一个孩子身上最宝贵的品质，它能促使着我们不断探索、不断学习、不断成长。孩子是一个活生生的人，他的成长也应该有他自己的内因驱动。培养孩子求索真理的精神，需要家长们保护和引导孩子的好奇心，投入精力进行教育。

一个不断进步的、不断追求真理的灵魂，才有可能抵达伟大和高尚。对于家长们来说，保护和引导孩子的好奇心，培养孩子的探索欲望，是在孩子童年时期最应该做的事之一。一个有着求索真理的精神的人，无论如何，不会平庸堕落。

第九课的思考题

我们要追求不变的真理，就是学无止境！真理总是在寻寻觅觅中，若沉若现，若有若无。请谈谈你的观点。

第十课

面对成绩

骄傲使人落后，谦虚使人进步。《易经》六十四卦中，几乎每一卦都有凶有吉，唯有《谦卦》无凶皆吉。所以古人总结说："满招损，谦受益。"

我们常常是深刻地明白这个道理，往往做起来并不是很到位。我也一样。每当儿子考试成绩好时，我反而害怕下次考不好；每当考得不好时，我反而心里轻松，觉得下次肯定会考得好。这是人的一种自然病态，天地都有月满则缺、水满则溢的说法。我们需要做的是尽可能去避免骄傲，避免满招损带来的烦恼。大家是愿意受益的对不对？既然谦虚就可以受益，我们就在面对成绩的时候，也仍然谦虚，精益求精，才能使人性不断进化。

人无论是在过去、现在、未来，是面对批评还是面对成绩，不管是在哪个阶段、什么情况下，都首先是你自己这个人。如果你现在不快乐，那是因为你的内心负担太多，是你这个人不快乐。那么你到什么时候，也依然是不会真正快乐！我想说的是一个有修养的人，他的情绪不是外界造成的，遇到正确的批评应该高兴，因为这是有人度化你。遇到成绩反而要谨慎，只把这成绩当成是对自己的一种鼓励，一种能推动自己更加努力向前的动力，而不是躺在功劳簿上等荣耀、等夸赞。人的层次决定成就的大小，一点小成绩便自满者，是不会有大的成就的。

当我们面对成绩仍然冷静、依然谦虚时，才会有智慧透过事物的表面，看清楚事物的本质。尽管时间流逝，空间交错，真理会依然屹立在你身边。因为你拥有看透事物本质的能力！这能力像真理一样散发着光芒。久而久之，在面对成绩的多次历练下，你会变成一个懂得沉默的人，不会完全在意别人的看法。

为什么说沉默是金？一个真正能做到沉默的人，他的内心是透明的，是在任何情况下都不会尴尬的。得意时不忘形，失意时不怨天尤人，这样的人基本上具备了成功者的特质。说白了成绩就是某一个阶段中，努力学习或做事所得来的结果。如果你张扬炫耀，就会得到别人的嫉妒；如果你谦虚谨慎，就会得到别人的羡慕表扬。这两种表现所得来的两种态度，可是有天壤之别的。某某人因嫉妒别人的成绩，而对其做了怎样的破坏；或某某人因羡慕别人的成绩，而决心向他学习，这也是感召的力量。所以，一个人不但是面对成绩的表现，能够利人利己，任何事情都应该是这样。好的品质对自己有利，同时对别人也有利；坏的毛病不但对自己有害，同时也对别人有害。希望我们作为家长，无论是在家庭里给孩子带来的影响，还是在外面给世人带来的影响，都一定要是好的影响。让某某人通过认识你懂得了进步，某某孩子通过听你的话学会了谦虚谨慎，让我们的社会在风气的良性循环下，人人幸福快乐、个个积极向上！

例如：人生难得遇一知己，我有位姐姐，不是亲姐却胜似亲姐。她不但人长得漂亮，心比人还美，待人亲切平易近人，发现谁有困难她都帮，不管是关系近的关系远的，认识的不认识的。有一次，我俩一起在外面吃早点。本来我们要了一张饼，可人家给了三张，因为我们是第一次来这个店吃饭，而且他们的饼是切成好多瓣给的，我们还纳闷这一张饼咋这么大。一会老板和服务员吵起来了，我们听了半天才明白，服务员把别人的饼错给了我们。姐姐赶快过去劝道："别吵了，服务员也不是有意的，我把这两张饼的钱给你们。"说完又付了两张饼的钱。从这一件小事上，可以看出姐姐的胸怀和品质。不是自己的错，吃不完也买下来，为的是别人莫吵架。

她在一级政府的财政所工作，既是副所长又兼总会计，所里已经换了好几届领导。可是不管谁当领导，也没换过姐姐这个会计。

有一次，一位书法家送我几幅画，我想送姐姐一幅让她选，她想了想说：“我要这幅《海纳百川》吧！因为我的心像大海一样，才能够凡事总替人兜底。”她从来不说别人的坏话，哪怕有人对她不好，她也总是替人家找原因，希望对方能变好。

经常有人夸赞姐姐，人长得漂亮心眼又好，还有人说姐姐是现代社会中的活菩萨。我说姐姐是为平衡人性的差距而存在的，她总是为了所有人都好，才去说话做事。面对别人的夸赞，以及她不断取得的成绩，她总是淡淡地说：“我觉得做人就应该是这样子的。”

有好家长必然有优秀的孩子，姐姐的女儿非常优秀，考公务员时得了当地的第一名。

孩子的声音

成绩代表着什么？

不提高考的巨大意义，我们只说中小学学习本身。在中小学学习过程中，成绩代表的是一个孩子的用心程度，体现的是孩子的专注力、执行力、细致程度、逻辑思维和自我管理能力。但是同样的，成绩也比较难体现一个孩子的创造力、思维发散能力和想象力。

面对成绩，家长们应该有一个正确的认识。孩子成绩好，说明孩子专注、细致、自觉、扎实，这当然值得表扬。孩子成绩不好，也不能说明孩子一无是处。成绩可以反映出孩子生活、学习的状态，反映出孩子的自我管理水平，但很难反映出孩子的创造力和想象力，也很难反映出孩子的发散性思维和独特天赋。

一味地苛求成绩，是不可取的。家长应该看到，成绩背后代表的素质才是重要的。家长希望孩子扎扎实实生活、专注于每一份工作、细致地管理好自己的人生，这才是家长希望教给孩子的。成绩的确能够反映出很多素质，但成绩和素质并不能画等号，家长们应该有一个正确的认识和态度。

事实上，由于成绩发生的争吵和指责，在家庭教育中占大多数。家长们总有一个望子成龙的心，总想要自己的孩子优秀。可如何面对期望和现实的关系，是很多家长没有意识到的。一味倾泻自己的期望，甚至在孩子达不到期望时进行大量的指责，这往往会适得其反。

成绩不是根本，教育的目的是为了孩子能够形成完整、健康、强大的人格。成绩反映不了一切。由于成绩发生的争执，往往会反过来伤害孩子人格的健康。

第十课的思考题

当我们面对成绩仍然冷静、谦虚时，才会有智慧透过事物的表面，看清事物的本质。请写一写你对待孩子成绩的感想。

第十一课

不卑不亢

一个真正快乐潇洒的人，能够敞开自己的心扉，善良地看待别人，以一种心中无碍、不卑不亢的态度，去接受任何跟自己有关的评论。由此，取长补短，增长智慧与见识。

人都喜欢听好话，这是人之常情，听不得恶言恶语也是人之常情。但如果逆耳忠言也听不进去，或听了就发火发怒，那就扭曲了，也是一种自卑和不自信的表现。还有的人明知道逆耳忠言对自己有好处，可就是听不进去、接受不了。这样的人，给自己的负担太重，太虚荣，也会活得很累。不同的意见与逆耳忠言是宝贵的，是能够让自己进步的阶梯，是能够让自己成长的食粮。我们一定要教育孩子，以一种健康的心态，不卑不亢地接受来自各方面的指点、意见、真言、逆言，告诉孩子这些才是真正能伴他成长的知识，并且要感谢对方，哪怕是有些偏激过分的指责，也要虚心接纳，更不要发火发怒。有则改之，无则加勉。

人常会因受到情绪的支配，一时对自己进行错误的判断。当遭遇挫折或失败时，会怀疑自己的能力。而成功了就会有无比的自信。无论是失意还是得意，人都要时时给自己一个正确的定义。这样不管身处何地，一颗坚定的心是不会变的。不为失败否定自身的价值，也不为成功而放大自己的长处。失意不自卑，得意不自大。如果我们想要让自身的价值得以体现，就要实事求是，抱着真诚好奇的态度去探索生活，学习各种知识，努力工作。久而久之内心的安定和平静会产生一种力量，一种不轻易跟随外物而改变自己的内在力量。在此基础上，不管我们生活在何时何处，都会把每件小事做精做好。由此会得到心灵上真正的快乐!

一个真正能做到遇事不卑不亢的孩子，他的内心力量是强大的，同时也是谦卑的；他的态度是实事求是的，同时也是严谨恭敬的。他做人能上能下、能屈能伸，整个人常常是从里到外都透着一种力量，一种战无不胜、百折不挠的精神力量，一种不因任何困难而气馁、退缩的力量。不卑不亢才会使人的智慧潜能得到足够的提升，使人的精神不断得到升华，这是成功者必备的内在素养。

没有素养的人，稍一生气就会信口反驳；有点素养的人，生气不信口反驳，但面色会带有反驳的表现；还有的人，生气时面不改色，也不反驳，但心里不安静，心里在骂人；真正有大素养之人，连心里带面上都不会生气，不会介意。别人如说得对，难听也听，只要对自己有好处；别人说得不对，也会一笑了之，表面上看似无风光之处，但实际是有大胸怀、大智慧的。他们懂得从别处吸取长处，为己所用，而从不轻易炫耀自己。所以，他们的进步是永无止境的。

人争强好胜的精神是应该有的，但别把它表现在面上，要贮藏在心里。表现在面上的人，往往欲望太盛，会遮住了真正的智慧，闭塞了自己，很难吸取外来的营养。而把争强好胜贮藏在心里的人，表面上看起来不争不斗，其实早已敞开心扉，挑拣有用的知识来营养自己，让智慧圆融无碍，丰富不卑不亢的智慧人生！

其实，孩子的心理健康，不卑不亢的处世态度，从小就显露出来了。所以，我一再强调家长要特别看重孩子的早期教育。

例如：在我儿子四周岁前后，发生过一件这样的事情。我姐姐家一个男孩一个女孩，每到星期天三个孩子都在一起玩。有一次，我去姐姐家接儿子，姐姐说："洋洋和他哥哥出去玩了。"我正在客厅和姐姐说话，儿子敲门一个人回来了，我问他"哥哥呢，你怎么自己回来了？"人家没理我，直奔他姐姐屋里去了，也不知道和姐姐嘀咕了几句什么，他俩就急匆匆走了。他姨家哥哥比他大两岁，姐姐比他大八岁，哥哥性格老实腼腆些，姐姐和我儿子性格相似，活泼开朗胆子大。

后来我们才知道那天发生了什么事。事发的第二天，我姐下班回家，一进小区门口被一位老太太拦住了，这老太太警告我姐说："你得管管你们家孩子，尤其是你家那个小不点，快气死我了。"听完了老太太的诉说，我姐回家问孩子们，听后我姐妹俩感到很是无语。事情是这样的，儿子和他哥跟小区其他几个孩子一起在老太太家门口玩游戏，老太太有个孙子叫林林，比儿子他们都小，不懂游戏怎么玩法，但又愿意跟着玩。林林在里面瞎搅合，碍着外甥的事了，外甥随手推开他。小男孩哭着回家找奶奶，他奶奶出来不问青红皂白，就骂我外甥，并且说"再从我家门口通过，就打断你的腿"等，骂得很难听，外甥使劲低着头不敢吱声。我儿子觉得哥哥受委屈，上前跟老太太评理："是你家林林跟我哥捣乱，我哥哥才把他推开的。"老太太又冲我儿子吼起来。儿子看自己身单力薄但又不肯服气，就跑回来叫姐姐，搬救兵回去跟老太太评理。我外甥女小嘴厉害，再加上儿子在一旁帮腔，一会把老太太气得没话说，回家把大门关上了。孩子们不会撒谎，我儿子告诉我说："她是大人，不该骂我哥哥，而且是她家小林林不会玩，故意瞎捣乱。"

我没因这件事批评孩子，只是告诉他以后再碰到这样的事和人，尽量躲开那个地方，去别处玩，不然把老人气着了怎么办？孩子从小到大就是这样，不惹事，但关键时刻也不怕事，不卑不亢。

孩子的声音

我母亲曾经教导我，她说：“孩子，你知道‘怕’字怎么写吗？怕就是左边一个心，右边一个白。心里空白，你就会害怕。”

这句话说到要害了。家长都希望自己的孩子有一个健康的人格，希望他不讨好、不愤怒、不偏激，希望他能够不卑不亢。那么，如何才能做到这种“不卑不亢”呢？这就要求我们“心里不白”。

在现实生活中，我们总能遇到一些比自己强的人。这是正常的，无论是比你有钱、比你社会地位高、比你有智慧，我们总会碰到这样的人。遇到这些人，小心讨好，或是故作高慢，都是不健康的体现。真正的健康，真正的不卑不亢，是心中有“物”。你比我有钱，但是我读过更多的书；你比我智慧，但是我家庭和睦；你比我社会地位高，但是我生活更自在。或者干脆，我根本不和你比较这些，我自得其乐地活着，活得很好，为什么要害怕你呢？

这才叫做不卑不亢。你的心中有着这样的自持，才能够和别人交往的时候做到平等，做到不偏激、不卑微、不讨好。

事实上，一个不卑不亢的人，一个能够平等对待所有人的人，一定也是一个曾经被平等对待的人。我请各位家长想一想，您的孩子有没有出现过讨好您的事例？很多家长会觉得，孩子的讨好是一种可爱的表现。是很可爱，但是正因为他的可爱，请各位家长务必好好保护他。当孩子在讨好您的时候，无论是索要物质奖励，还是索取关心和爱，都有着他的目的。如果家长们出于一时的不开心，伤害了孩子的讨好，这就会给他造成心理阴影，使他更容易形成讨好型、偏激型的人格。

对待孩子，应该平等。虽然他们幼稚，虽然他们还不成熟，但是家长们应该抱着一个平等的态度。只有一个被平等对待的人，才有可能形成健全而强大的人格，才有可能在与人相处时，真正做到不卑不亢。

第十一课的思考题

不为失败否定自身的价值，也不为成功而放大自己的长处。失意不自卑，得意不自大。在培养孩子不卑不亢的性格方面，你是怎么做的？请写出来。

第十二课

个性的魅力

古人云："接人要和中有介，处事要精中有果，认理要正中有通。"意思是说："对待别人要和气，且不失耿直；处理事情要明白而果断；认理要公正无私，且通达机变。"

当一个人生活在某个环境里，遵循这个环境的规矩是很重要的。但制定规矩的目的，不仅是为了约束人、锻炼人，更是为了能保证这个环境能够更好地运转。而有个性魅力的人，往往会先打破这种规矩，又不单纯是不守规矩，而是用另一种更有利的方式，达到建立规矩时所想要达到的目的。往往一条路走的时间长了，会离目的地更远，而换条路走反而离目的地更近、更有益。

不循规蹈矩，能发现并创建新事物的人，往往都是有魅力的人。社会进步、时代发展需要这样的人，家庭教育需要这样的家长，我们更希望能培养出有个性魅力的孩子。我们社会中缺少这样的人，反而传统的、浮华的循规蹈矩者，能够适者生存。就像电视剧“大宅门”里的白七爷，和他妹妹白玉婷，他们都是有个性魅力的人，也是常常受到别人非议的人。白七爷有句话说：“你们这些不正常的人，总是看着正常的人不正常。”而社会发展、时代进步，任何一个环境事物的改变，往往都是出自有个性魅力的人。

但也有些人是为了刻意地张扬个性，为破坏规矩而破坏规矩，这样的人是小丑的角色。我相信每个家长都希望我们的孩子能成为一个有个性魅力的人，而不是庸俗无主见之辈。在这方面的培养上，需要多尊重孩子。所谓“授人以鱼，不如授人以渔”。同样，让他们追求鱼，不如追求渔。与其注重财富，不如注重获取财富的本事。做人或做事都是如此，与其专注形式化，不如拥有一颗虔诚的心。比如学习是为了增长知识，为练就本领打基础，不光是为了考好大学，让孩子为了学习而学习。做事也一样，教育孩子做好事，是要培养其善心为根本，而不是为做好事而做好事。如果凡事只专注于表面，即便是学得再好，事情做得再多，当面临新问题时，也有可能不会解决。重木长者，必要固其根，培养孩子的各个方面，都要从根上浇水施肥。每个人都和别人不一样，才正是自我价值的所在。学别人学得再好，模仿得再像，也只不过是个赝品。一个拥有个性魅力的人，常常是能去改变别人，而别人不容易改变他。

所谓的成熟，不是世故圆滑会做人情，而是懂得拒绝，能够保持自我。无需朋友满天下，而是我尊重别人，也同时有很多懂得尊重我的人。愿我们的孩子都能成为一个与众不同的人，成为一个有个性魅力的人。

例如：前面提到过，我孩子上小学初期，是在一家私立的双语小学读书。读到三年级的时候，他非要求转到离我家很近的一所县公立小学来。刚到这个小学没多久，有一天上午快要放学时，老师打电话把我叫到学校，说“你家孩子一上午打哭好几个，你回家得好好管管他”。我当时感觉很纳闷，这不是他一贯的做法呀，他从不跟人打架。我说到这些，老师急了，有些生气地说：“我刚问过他，你家孩子都承认了，难道你还想袒护吗？”我急忙说：“不，不，对不起，我回家一定好好批评他。”儿子放学回来，我提起此事，问他为啥打架？他说：“你别管这事妈妈，他们欺生，等我把他们都教训了，以后就不敢了。”我说：“那你也不能打架，老师都把我叫学校去了。谁找你麻烦，你告诉老师，让老师教训他们。”儿子说：“老师也这样说，可是不管用的。老师也不能光看着他们呀！再说我也不愿意常打小报告。”他爸爸在一旁听了也说：“既然他不怵事，你就别管了。我们部队上也是这样，每来个新兵就有人欺负他。”儿子还安慰我说：“放心吧妈妈，我有数，不真打伤他们，不给你惹事。”从那以后，我最害怕听到电话响，就害怕老师又找我。又过了一段时间，儿子居然当了班干部，老师说大部分孩子都听他的。

从这件事上，我深深地明白，孩子长大了，遇事也会有他自己的处理方式。没按老师说的，也不听我说的，而是按着他自己的方法，处理的结果还挺好，把坏事变成好事了。老师说："他挺有号召力，欺负他的孩子都成最听他话的了，也许这就是个性的魅力！"

孩子的声音

往前数十几年，"有个性"还是个批评人的词，这几年居然就变成了好词了，可见我们的社会变化之大。

我记得在我还小的时候，老师们是不提倡"个性"这种东西的。那个时候，最被赞许的孩子永远是"听话"的孩子，上课认真听讲、下课认真完成作业的孩子，而绝对不是在某些方面表现出创造力、却又难以被管教的孩子。

但是我的母亲是不一样的。相比于大多数我遇到的老师，我的母亲对于"个性"的容忍程度是超然的。在我只有三四岁的时候，她容许我在家里大吵大嚷而不会嫌我烦，容许我把玩具拆坏，容许我搞点“小破坏”，却只是笑着说我两句。在这一方面，我的母亲表现出了超常的耐心，作为回报，我也拥有了非常强烈的“个性”。

个性，究竟是不是一个好东西呢？我想很多家长心里面，或者说潜意识里面，是存疑的。孩子不听话，孩子主意特别多，孩子不服管教，这究竟是不是好事呢？很多家长一方面随大流式地赞同个性教育，另一方面又对孩子的逆反行为深恶痛绝，应该说，这是相矛盾的。真正要进行个性教育，要尊重孩子的个性，就应该消除这种矛盾心理。

个性，是有魅力的。往往一个独立的人格，必然伴随着强烈的个性。无论这个人成功与否，“个性”总会把他和茫茫人群分割开来，彰显出他独有的存在感。一个有个性的人，因其人格的独立和有力，也必然会展现出独特的魅力来。应该说，个性，需要被提倡，也需要被赞许，只有有个性的人，有自己主意的人，才能够不断地进步、不断地完善自己，而不是唯唯诺诺，永远依赖某些人或某些东西，成为一个“巨婴”。

其实啊，“有个性”和“不听话”真的是两回事，家长们完全不应该在这件事上矛盾。很多家长错把“有个性”等同于“逆反”或“不听话”，这是错误的。当然，一个有个性的人往往表现出他自己的主见，表现出有自己的主意，但是这种“有主见”“有主意”是可以沟通的。换句话说，一个有个性的人同时应该也是一个理智的人，一个有想法的人同时也应该是一个听得进劝告的人。逆反心理作用下的孩子，只会一味地对抗家长的言语，认为自己是对的而家长都是错的。这当然是错误的。但是家长们如果把一个有个性的孩子当做一个不听话、逆反的孩子，而去压制他的个性，这也是非常错误的。

孩子降生下来之后，就是一个独立的个体。我希望家长们能够把孩子当做一个独立的人去看待。我请家长们想想，你们在公司、在单位里听领导讲话，是不是也经常会有“这个人说得很浅，没有营养”“这个人啰里啰嗦的，真没水平”“这个人说得很好，深入浅出，很有感染力”等想法？那么，孩子和您也是一样的。对于您的教育，孩子们自己也会有判断，如果您说得不好，孩子们会觉得您“唠叨”“说了一百遍还是这些东西”，而如果您说得好，那么，孩子们自然会吸收、接纳。

也许很多家长不爱听这句话，但是，个性教育，对家长的要求是很高的。如果家长们自持“我们是他爹妈，我说什么他就应该听着”这样的心理，恕我直言，孩子们逆反是正常的。您如果碰见“我是领导，我说什么你就该听什么”这样的领导，是不是也会有一些不高兴呢？个性教育，是把孩子当做一个完整的、独立的人来看，如果您尊重他的个性，那么久而久之，他自然就会变成一个完整的、独立的人。在这一过程中，家长的教育，应该是有水平的、能换位思考的、能让人听得进去的。请相信我，如果您一边尊重他的独立，鼓励他有自己的主张，一边进行引导和教育，这样的孩子，一定会有一个出乎您意料的强大的人格。

第十二课的思考题

每个人都和别人不一样，才正是自我价值所在。学别人学得再好，模仿得再像，也只不过是个赝品。您喜欢有个性的孩子吗？请谈谈想法。

第十三课

品　德

有一次，在朋友聚会的饭桌上，一位老哥问大家："人有几张口？"他解释说，没有三张口一个品字，不算是人。

一个人的品质好就是有德行，品质好有德行的人，会受到周围人的尊敬和爱戴。因此他们的生活很有质量，精神会快乐，自然身体也会很健康，生命也长久。别说人的品质好，就会有这么多好处，就算一件物品，质量好的又美观又耐用，一样销量好，质量不好的早晚被淘汰出市场。

人的品质不好，到哪里都不受欢迎，因此没有好工作，没有好生活，甚至没有好的家庭，也没有真正的幸福和快乐，身体健康、精神状态也都不会很好，自然生命也不会长久。看看那些长寿的老人，哪个不是心态平和，热爱生活，热爱劳动，给社会或国家做过贡献的人，也是懂得修行、品质高尚的人。

所以，家长要在孩子很小的时候，就注重他做人做事的品德，一个人的修养决定着他的生活层面。我们来到这个世上活个人样很不容易，干嘛不好好修行呢？培养一种宽容温和的心态，微笑着面对生活中所有的人和事。给别人让步，不代表你懦弱，而是说明你有素质。

人活到老，学到老，生活中随时随地都隐藏着知识和技能。在我们的一生中，学到的知识和技能越多，就越能体现我们的价值。如果说，我们学到的知识和技能是生命里的树枝和花朵，那么，这树枝靠什么来繁茂、花朵靠什么来鲜艳呢？靠生命里的根基，靠善良和品德养育着枝叶和花朵，才能永久茂盛鲜艳。

把善良付诸于行动中的爱，不只是一种品德，更是一种力量，一种能感召许多人倾向于你的无限力量。善良的种子传递到哪里，哪里就会有光明和爱，哪里的生命枝叶和花朵才能永盛不衰。善良和智慧能让文弱的书生战胜残暴的兵勇，能让强盗变为侠士，能让俗人变成优秀的杰出者。

善良不仅是一种品格，更是一种战无不胜的力量，也是我们所有人不可缺少的生命根基。人没有了善良，就如树没有了根，一切都将毁灭，一切都无从谈起。

任何一个国家、一个民族、一个家庭，都会把注重生命的根基、传播善良的种子，作为首要的己任。我们的子孙才会人旺智高，国家才会富强，民族才会兴旺。

例如：我有这样一位嫂子，萍水相逢，却胜似亲人。在我最落魄最困难的时候，以往身边的朋友都远离，只有嫂子向我伸出援助之手，为我的事焦虑不安，到处奔走为我排忧解难。患难见真情，这将成为我一生记忆犹新的历史。

由于嫂子对我和孩子无微不至的照顾，我对她的了解也越来越深。之前我们只是认识，没有什么深厚的关系，所以并不是相互了解。通过和她家人的相处，才发现嫂子对家人所做的一切，简直都把我惊呆了。

她孝敬八十多岁的婆婆，给她洗脚、捶腿，按时给老人洗澡，隔三差五带老人下饭店。每年老人过生日来好多客人，嫂子在这天的酒桌上，跪下来给婆婆敬酒，跪下来高举一个红包送给老人，说是给老人的孝敬。看到这一切，我感动得眼泪在眼圈里打转。这样的家长能不教育出优秀的儿女吗？孩子不会不孝敬她的，不然上天都不答应。

最难得的是，哥哥性情暴躁，动不动就发脾气，而嫂子总是任劳任怨，什么都干在前、吃在后，有理也不争辩，做到了打不还手骂不还口。

有一次我和嫂子出去办事回家晚了，快到家门口了又赶上堵车。正在路上堵得着急，哥哥打电话发火说：“这么晚了还不回来做饭？”我就对嫂子说：“你先在这堵着吧！我下车跑回家做饭去，哥哥可能是饿了。”可气的是我跑回家做饭，嫂子回来哥哥还冲她发火说：“你们出去玩不着家，还撒谎说什么堵车了。”这分明是在冤枉人，我可受不了这个，从厨房冲出来和哥哥大吵一场。嫂子边把我劝进屋里，边微笑着对哥哥说：“对不起！回来晚了，我这就赶快做饭去。”天哪，怎么会有这样的人，我有生以来第一次见到。哥哥虽然脾气不好，但心地善良。我气得都快不吃饭了，他又不愿意，让嫂子一遍遍地叫我。吃完饭嫂子劝我说：“男人是天，女人是地，天是动荡的，地是平静的。如果地也常动荡起来，那还了得。亲情之间没有太多的理争辩，少说几句忍一忍就过去了。”

在嫂子身上，我学到了很多优良的品质。有一次，我儿子问我，修养和修行的区别。我不假思索地说：“你舅妈的修养与修行都是最高的，谁也比不了！”

孩子的声音

美好的品德能够带给我们什么?

金钱? 权力?

都不一定。我觉得应该是更坦然的人生。

我的母亲教育我，人活一世，最难得的是内心坦荡。最难得的是当你回想往事，从不因某些选择而后悔，不因某些行为而感到愧疚。你会觉得自己一辈子都在做对的事，都在遵循自己内心的声音。那种宽慰、喜乐、平静的力量，是任何金钱都买不来的。

品德能够带给我们坦然的人生。教给孩子，什么是品德，品德有多么重要，其实就是带给孩子一个坦荡的人生。

我们中的大多数都是普通人，不是那些变态杀人狂、枭雄、精神病人。我们中的大多数人，在做了坏事之后，都会有一丝丝的愧疚之心。无论这个人再怎么坏，再怎么缺失品德，这种愧疚和心虚都会折磨他。他会畏惧别人的流言蜚语，恐惧东窗事发，害怕被人指责被人唾弃。不管他获得了多大的利益，这种内心的纠缠都会让他感受到痛苦。

而遵循品德，遵循善良、勇敢、同情、博爱的品德，就是让自己内心坦荡的最好途径。家长们能够带给孩子最珍贵的东西，不是财富家产，而是能够让孩子快乐、坦荡的人生智慧。教给孩子，什么是品德，怎么样遵守珍贵的品德，就是在教育孩子更快乐、更坦荡地活着。这比任何财富都要珍贵。

我们无法决定他人生活的姿态，无论他是为金钱而活，还是为权力而丧失自我，我们都很难对他的人生置喙。但是作为家长，可以影响自己孩子生活的姿态。不要让他们在做了错事后愧疚后悔，不要让他们在别人的指责中痛苦难过；告诉他们，坦荡的人生，才是最正确的活法。

第十三课的思考题

善良不仅是一种品格，也是一种战无不胜的力量，更是不可缺少的生命根基。人没有了善良，就如同树没有了根，一切都将毁灭，一切都无从谈起！请想一想，写一写你对此的看法。

第十四课

理　性

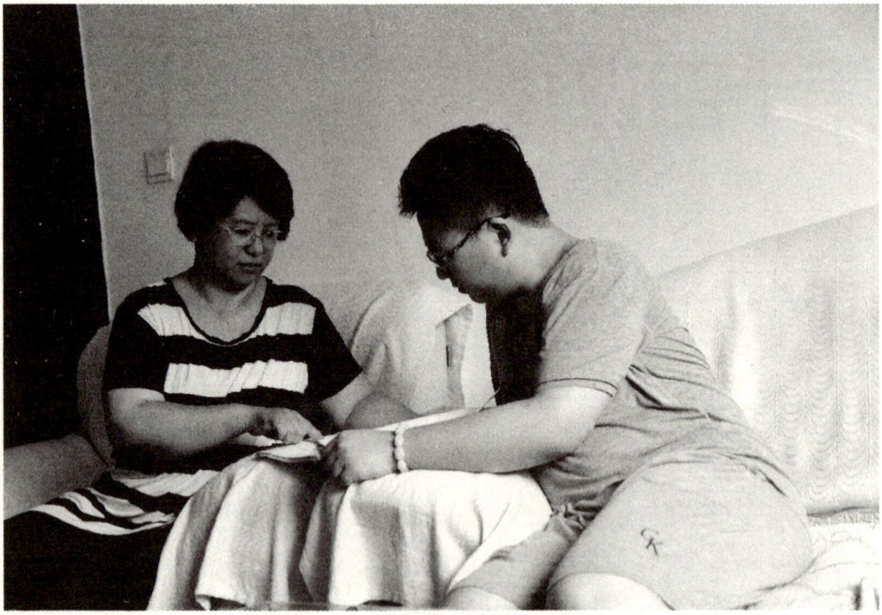

家长对孩子的天性培养，应从多方面进行，方可使天性里的才华磨炼得炉火纯青，充分地发挥自己的才能，努力去追求最高的理想；使其对学习做事探索富有浓厚的兴趣，集中精力专心致志地投入，造就豁达的胸襟和高尚的品德；使其尽量压抑人的情感欲望，约束自己，谨言慎行，戒掉各种不良的嗜好。

诸葛孔明曰："非淡泊无以明志，非宁静无以致远。"在茫茫人海之中，忙忙碌碌地求索着，在各行各业的竞争中，显示着自己的才华，为生活、为理想、为进步努力提高自己。久而久之，疲倦了的时候，请静下来休息休息，或换个环境独处梳理一下思绪，你会发现这个时候的收获，要比努力工作时还要大。

因为往往这个时候，更深一层的智慧沉淀，会让你明了很多之前解决不好的问题，映出更正确更远大的目标。现在的孩子们，尤其是80后和90后的孩子们，他们心浮气躁缺少理性，缺少思想更深一层的涵养根基，也就是缺少生命里最为珍贵的东西。有理性才有涵养，有涵养才有深度，有深度才能造就大度，有大度才能容下好多人好多事，才能有高度对事物看得全面、看得透彻，才能心气淡定，对天下的风云变幻应付自如。这些才是我们家长培养孩子，最为看重的目标、任务。而不是单一地要求，一定要好好学习、考好大学、有好工作，或让孩子打下什么样的江山。不要用浮华外在的物质包裹着他，让孩子自小失去了很多他自己应有的才能。殊不知这世上是没有什么牢靠的外物让他倚靠的，真正能够给他们倚靠的只有他自己。外物是靠不住的，或是短暂的。人如果凡事都想靠着外力，靠外人的帮助，总是会栽跟头的，或永远没有大的出息。只有完善、充实自己，凡事学会靠自己的能力完成，自身才是自己最大的依靠。这是我们家长培养孩子，应有的最基本的理性。

常常听到一些让人心痛的报道，小小年纪自残、自杀，或离家出走误入歧途。都是因为孩子他们没有了自己，把自己缩小得找不到了，寻不到人性最真正的幸福、快乐的一面。没有理性的知识，没有涵养的深度，就没有心胸装下这太多的人或事。这都跟我们家长的培养有关系。每每看到或听到一些惨痛的报道时，心中的疼痛都会使我流下眼泪。因此也触感到我对家庭教育工作所负的责任与重要性的认识。如果我们生养孩子，却因没有教育好他，反倒断送了他的话，那不如不生养他的好。

当前的社会中，钱起到的作用大得可怕。如果不懂得理性地面对一切，就很容易误入歧途。不光是教育孩子要有理性，做其他事情也要有理性。我们家长要深刻地学习并做到言传身教。任何时候、任何情况下，都要理大于情，做人有原则、有立场。

例如：去年马上要进入数九寒冬之时，在我家不远的河面上，打捞上来一具小孩的尸体。男孩有个十四五岁的样子，听说他父母找了他好几天了。看见父母在那里哭天喊地、痛不欲生的样子，真让人惨不忍睹。

据说这个孩子在学校是个好学生，每次考试都在前十名。不知道是什么原因，去年下半年考试没考好，下滑了十几个名次。回家他爸爸又骂又打，他一时想不开心里受不了，写了封信留给父母，走了。他家人到处找了好几天，没找到。没想这孩子跳河自尽了。

这可真是个血的教训。父母连回头的余地都没有，能怪谁呢？只能说大人孩子都缺少理性。不光是教育孩子，做任何事都不能太刻意地为了什么。那样是无法把事做好的，也是拥有不了大智慧的。生活中刻意的成分太多，会扰乱自己的心神，使自己过得不快乐！也会招致别人不快乐，或伤害到身边的人。一个真正懂得人生的人，就是能随性做事，而又不失理性的人。

孩子的声音

科学，一个非常重要的属性就是“证伪”。

换句话说，任何一个科学理论，你都有可能证明它是错的。自我否定才能自我进化，这才是科学的理念。与科学相对的，无论是一些宗教思想也好，还是某些文化也好，总是标榜自己是无错的，标榜自己永远是正确的。这种自我标榜，使得它们放弃了进化的能力，最终在滚滚历史长河中化为尘埃、泡影。

什么能够证明一个科学理论的错误？现实。只有现实才能否定一条科学理论，科学也在不断发现现实的过程中不断纠正自我。实事求是，一切以事实为根本，自我否定，自我进化，这是科学的精神，也是理性的精神。

我们正处在一个信息爆炸的时代，纷繁复杂的信息总是会扰乱人们的视听。有的人颓废，有的人张狂，有的人标新立异。在众多文化元素中，如何才能找到一个属于自己的定位，如何才能掌舵自己的人生？这就要求家长能够带给孩子理性的教育。

实事求是，这四个字是我们经常说起但又很难做到的。我们总会被主观看法和个人情绪干扰，做出一些不符合现实的决策。

在情绪化中，我们很难做到“正确”，一不小心就会走向偏激。当现实和我们一直以来的判断相背离时，否定自己、推翻自己，又是一件非常痛苦的事。实事求是，说来容易，做起来是很困难的。

家长应该赋予孩子理性的教育，因为只有理性，才能让孩子在纷繁的现代社会中保持自我，冷静对待这个嘈杂的社会。理性的教育，就是告诉孩子要尊重事实，哪怕这个事实和你的推断相背离。告诉孩子要抱着一个解决问题的态度，而不是像一只野兽一样肆意发泄情绪和欲望。

一个理性的人是伟大的，他能够做到控制自己的情绪、否定自己的观点、洞察现实的变化、尊重现实的无常，他能够推翻自己、重建自己，能够观察现实、改变现实。一个理性的人也许会失败，但绝不会一直失败，因为他懂得修正自己；一个理性的人也许会迷茫，但绝不会一直迷茫，因为他懂得观察事实。

理性，是一个人身上非常重要的品质。拥有这种品质的人，就像科学一样，可以进化。而一个能够进化的人，才能更好地适应社会，才能拥有更美好的人生。

作为孩子，与生俱来带有人性中趋利避害、暴躁而有攻击性、自私、盲目、情绪化等缺点，也有同情、勇敢、热爱、好奇等优点。唯有理性，是人性本身所不具备的。它是人类文明进化的产物，是一个人很难与生俱来的品质。这就是说家长应该给孩子更多的教育，更多地告诉他们理性的重要性，更多地去培养他们的理性人格。

家长不可能陪伴自己的孩子一生，只有让孩子自己具备了进化的能力，孩子的将来才不会差。

进化，是生物最伟大的属性，是科学最伟大的属性，也是一个人最伟大的属性。

第十四课的思考题

也许是我本人生性淡泊吧！我非常喜欢诸葛孔明的一句话："非淡泊无以明志，非宁静无以致远。"人只有在淡泊、宁静的情况下，理性对人思想和行为的影响才最大。你有同感吗？请写一写。

第十五课

高　贵

谚云："有志没志，就看烧火扫地。""三岁看大，七岁看老。"一个人的贵气从小时候做的小事情里，往往都能看出来，包括做事的认真，有始有终，待人接物的礼貌等。

厚道的人会让人感到心里踏实，觉得这人牢靠、值得信赖。因此厚道的人到哪里，哪里的人都会喜欢他，做什么事也能做好，事业之路会越走越宽，并能够给周围的人增福。这样的人，就可称得上是满身贵气。

有些精明的人，常常觉得投机取巧更划算些，用些小计谋来瞒天过海。这样的人，也可能会在某个阶段里取得些成果，但不会得到永恒的收获。更会因为不诚实，小则使人产生厌烦，大则违背法律法规。总之，结果会是聪明反被聪明误，对自己来说，想要得到的往往是适得其反。

人的贵气不在其外，而在其内。一个人外表穿得再华丽，戴再多值钱的首饰，而缺少内在的气质，同样从她身上找不到高贵。贵则心气祥和，仁德无私，而不在于能力的大小、权职的高低。佛家文化里有："身如菩提树，心如明镜台。时时常拂拭，莫使惹尘埃。"勤拂拭，修心！不但人看上去高贵，还是去病改命的好方法呢！

有位老中医说："心决定性，叫心性。性决定命，叫性命。命决定运，叫命运。气决定色，叫气色。色决定相，叫相貌。"他说人的一切根本，都在于心性。"性"字是竖心旁一个生命的生，一切的性都是由心生的。因此，要想让自己成为一个高贵的人，不一定要拥有豪宅别墅、权高势大，不一定是穿金戴银。这些都不能代表高贵，而真正的高贵，是由心来体现的！人有贵气，虽贫也贵；人心卑贱，无不卑贱；人心高贵，无不高贵。

贵气由心生，多半也体现在语言上。俗话说："水深则流缓，人贵则语迟。"一般高贵的人说话慢悠悠的，而且不轻易表态，不乱说话。爱说大话的人就是没有能力的人，爱说狠话的人容易遭祸灾。这都是高贵之人所没有的言行。

道德经里也教导我们说："与其聪明反被聪明误，不如守住中和之道。"譬如说，眼睛如果不多看，魂气就藏在肝脏；鼻子如果不多闻，魄气就藏在肺脏；嘴巴如果不多说，神气就藏在心脏；耳朵如果不多听，精气就藏在脾脏；身体如果不多动，精气就藏在肾脏，意气就藏在脾脏。这些即是身体里的元气，守好用好也是人的贵气所在。

古人云：“丈夫之高华，存功名气节；鄙夫之炫耀，求服饰起居。”意思是说，大丈夫的高贵与荣耀，只在于名益、功业、道德、情操；凡夫俗子所炫耀的，只不过是服装饰物、住宅、生活。

例如：在我的朋友当中，有一位令人敬佩的村支部书记。几年前，我第一次去他家做客，嫂子悄悄对我抱怨说：“我老公可傻了，人家当村书记或多或少都往家里捞点好处，他当村书记从家里往外拿。村里遇上有事没钱办的时候，他就跟我说先借家里的垫垫，以后有了再还回来。可是往外拿了好几次，也没拿回来过，气得我老跟他吵嘴。你那儿还要打工的吗？我不跟他过了。”我笑着说：“嫂子，那你可是找了个人中之杰啊！一个有大责任心的人，能舍己为人，在现在社会里多难得啊！他能为别人这样，更能为你这样。平时没事你看不出来，你有事时就能知道他和别人不一样！”嫂子听到这也点头说：“对，我父亲生病的时候，我娘家弟弟没钱给治。当时我们家也挺困难，他就去银行贷款给我父亲做的手术。”我说：“你看，这样的人，你还舍得离开他吗？”嫂子说：“可是他从家里往外拿，那可都是我们的辛苦钱。”我说：“嫂子你应该高兴，他能拿出那证明你有能力！一看嫂子就是个贤内助，老天不亏善心人的，也许过些时候，村里的困难就过去了。”

吃饭的时候，嫂子总是笑着对我说：“你不像个在城里做生意的大老板，一点架子也没有，来我们农村这么随和。”我问嫂子说：“你认为城里的大老板，应该是什么样子的？”她说：“穿得很高贵，不怎么跟乡下人说话，我们也不怎么敢接近人家。”我说：“嫂子，人穿得高贵，不一定人高贵。你们的心高贵，比世上任何人都高贵，都值得尊敬。”

他们家的两个女儿都非常优秀，现在大女儿已经参加工作，在医院里上班。他父亲要求她说：“你对待每一个病人，都要像对待自己的父母一样。”

孩子的声音

在我母亲的经历中，人性的善良与丑恶都如同戏剧一样地展现着。我见识了最良善的人，也见识了最恶毒的人，见识了同理心和正义感，也见识了妒忌心和迫害。这是任何文字都无法向我展示的人间冷暖，我如此清晰地看到了人类的无限种可能。人类既能高贵如神明，也能丑陋如蛆虫；既能锋利如刀剑，也能虚伪如小丑。

我想，正因为人类这样无限种的可能，我们才必须要强调教育的重要性。

什么样的人格是高贵的人格?

他必须知对错、明是非，必须有坚守、有操守，必须知礼节、行正义，必须品德高洁。古往今来，中国人对于高尚的人格有着独特而不舍的追求，儒家文化率先提出“君子”一说。君子的内涵，虽然在历史长河中不断修正，但是君子的内核，在漫漫时光中却从未改变——那就是，对高尚人格的追求。

把孩子培养成什么样的人，都不如把孩子培养成一个高尚的人。他也许会因不同流合污而受挫，但他内心坦荡；他也许会因挺身而出行使正义而受伤，但他收获欢呼；他也许会因理性而不群，因不群而孤独，但他目光清澈、思维清晰；他也许会因恪守原则而不被周围人接纳，但他必将能超脱身周的污秽，抵达一个更高的层次，在那个层次中，他的高尚将获得无尽的赞美与认可。

中国人的国民性格中，对于“君子之风”有着根深蒂固的追求。虽然往往世俗逐利，风气污浊，但我相信每个人的心中都渴望被人夸赞人品、赞扬道德。我相信各位家长都对高尚的人格有向往，更加对自己的孩子能够形成一个高尚的人格有向往。

什么是真正的高贵？不是金钱权势，而是品格的高尚，人格的高洁。这种高贵能够带来人生的平静坦然，而一味追逐金钱权势的人，往往收获的是人生的波涛巨浪，起伏不堪。

让孩子形成一个真正高贵的人格，家长要能够以身作则。教育给孩子，什么是真正珍贵的，什么是真正需要坚守的，什么才是高贵。我曾不止一次地看到，我们十几岁的孩子张嘴闭嘴就是金钱权力，往往一个毛头孩子张嘴就能说得出“找找关系就好了”这种话。这是家长们希望看到的吗？有些家长不以为戒，反以为喜，认为自己的孩子“长大了”“不死板”“懂变通”。这是因为这些家长本身对于什么是高贵一无所知，只把有钱有势当做追逐的对象。这样教育出来的孩子，我们可以想象他们会是什么样子。

家长能够给孩子最珍贵的，不是金钱和人脉，而是幼时的教育。让孩子获得一个高贵的人格，这样，即使他一时挫折，但总能战胜，即使他一时低落，但人生总体高贵快活、平静坦然。

第十五课的思考题

人有贵气，虽贫也贵；人心卑贱，无不卑贱；人心高贵，无不高贵。请写出你自己的认识。

第十六课

沟通方式

听君一席话，胜读十年书。俗话说："说者无心，听者有意。"一般能从无意中听出有意，并能因此受益的人，他的慧根是很深的。并不是说者智慧大，而是能让听者从你的只言片语中，悟到自己想而不破的道理。

心理上的分析，理论往往是建立在语言上的功能中。由此可见，沟通是多么重要啊！当孩子出现问题时，家长与孩子有效的沟通是灵丹妙药。用语言和文字进行交流沟通，首先要选准时机，以及孩子的情绪都非常适合交流时。谈话要试着走进他的心里去，进行深层次的交流。不要被表面的词语所扰乱，那样容易产生误会，导致冲动或早早结束谈话。要懂得站在他的角度上考虑问题，多体会他的心情，学会体谅他才能避免伤害。所谓的心意相通就是这样！如果语言文字不但不能让沟通的双方互相理解，反而会让其产生分歧，那就不如保持沉默，或改用写信、发短信的方式进行沟通。不管哪种形式的沟通，首先要真正走进他的心里去，并能用语言触动他内心深处的那根弦，打开了心结才能说透。学会说话、学会沟通也是一门艺术，凡是问题都需要解决好，都不要急于求成。虔诚地了解事物的本质，然后用提问题的方式，把孩子心里的话引出来，让孩子把心中的淤积发泄出来。并站在孩子的立场上考虑问题，帮助他分析问题，减少或避免伤害，避免烦恼或忧虑，最终把问题解决好。

在每次沟通与解决问题中，一起总结经验，从中学会更多的知识。家长要做一个能够容纳孩子所有问题的熔炉，把他身上一切的不良恶习、错误思想，都融化毁灭在炉中。

想改掉一项恶习时，得有好的新的东西注入进来，代替不好的慢慢转化，并陪伴他战胜自己。孩子经历的事还少，他们往往把问题看得很大。家长不能火上浇油，要表现得轻松，看淡问题，以此来缓解孩子的心理紧张，但在行动上不放过每一个环节，每一个能够处理好问题的机会。

正确对待孩子的优点，且不能用放大镜来看孩子的缺点。我一直提倡家长对孩子的教育、沟通，要用中医治疗患者的疗法，客观地分析，以缓解调制熔化的方式。这样有利于突出孩子的主动性，使其造就自信与个性的魅力。指责、咆哮、呵斥、愤怒的神情，或恐吓、批判、评断、吹毛求疵、独裁、控制，这些都是家长们应该注意采用的态度，或干脆杜绝这种方式。因为在这些情景下长大的孩子，很难有自我，而一个孩子没有自己、找不到自己，是非常可怕的。孩子是这个世界上一个独立的个体，他跟我们是一样的人。养育他们是家长的义务，教育好孩子是我们的责任。欲求他们有出息，沟通教育就一定要讲方式方法。

我把做了十几年的产业放弃后，就开始想做家庭教育，便着手编写“家庭教育三部曲”。但在这个事业转型的过程中，不但经济困难，而且官司、债务缠身。由于家庭的重大变故，耽误我的孩子去年都没参加高考。他想为家里分担压力，非要去打工。当我稍微稳定下来点时，离今年的高考时间不到半年。我就想办法做他的工作，让他再拾起来文化课，好好复习考大学。这时我们母子俩坐下来畅谈到深夜，儿子说出了他内心的苦衷。他最初的态度是坚持打工，考不考大学无所谓，他想边打工边写作，挣钱养活自己，也为妈妈分担压力。但如果有条件当然还是倾向于考大学。我说：“困难是短暂的，妈妈还是以前的思想，不能因为困难耽误了你的学业。你应该打起精神，去追求更高更远大的目标。”就这样，我们达成了一致的思想。我给他联系好辅导班。

毕竟文化课放下近一年了，又经历了他长这么大也从没有过的家庭变故。培训班的老师对我说：“你儿子有些安不下心来，有时老摆弄手机，像是要查什么事。”我知道以后，就悄悄地写了封信，放到他的学习桌上。过了两天，他把手机交给我，再也没要过，复习得很踏实。

我给儿子写的信的大体意思如下：

孩子：爸爸妈妈都是善良的人，都是能拿出命来对你的人，能掏出心来为你好的人。在这个世上除了亲情，恐怕极少有人会这样对你。爸爸妈妈不求回报，如果你能体悟到这种亲情与恩情的话，最好的方式就是一定要好好学习，努力成就自己，给爸爸妈妈骄傲。

我经常说：“让孩子读万卷书，行万里路，阅人无数，还得需要名师指路。”好老师教孩子知识很少完全点透，要留下一半靠他自己去悟。

孩子的声音

沟通有着它的极限。两颗心，再靠近，也会相隔两片胸膛的距离。当您的孩子降生后，无论他再怎么和您血肉相连，您已经无法像读书、看报纸一样直观地感受他的思维了，您也无法像写字一样对他输入您的思想了。无论再怎么亲近的家长和孩子，也会有着沟通不了的思维角落和秘密。

这，恰恰要求家长们要提升沟通水平。

我的一位语文老师曾经开玩笑地跟我说：“如果大家都能好好学语文，这个世界上能减少一半的争吵。”这虽然是玩笑话，但也反映了一些现象。我请家长们想一想自己在日常生活中，有没有因为沟通不当而产生的争吵？

“哎呀，我都这样这样说了，你怎么还不明白？！”“我不是跟你说了吗，如何如何，你怎么还这样子？！”“你是听不懂人话吗？！！”这些争吵，可能发生在夫妻之间、同事之间、亲友之间，当出现这些争吵的时候，其实就意味着沟通出了问题。

沟通，交流，表达，这些是有着水平的划分的。我想家长们必须承认，有的人说话就是干脆利落，有的人说话就是清晰明白，有的人和别人交流起来，就是能轻而易举地说服别人。而相反，有的人说话就是含糊不清，有的人说话就是没有营养，有的人明明是自己话说不明白，还总是瞎着急，认为别人理解能力有问题。

我请各位家长们想一想，您在和孩子沟通的时候，属于哪种人呢？

没有天生就坏的孩子，孩子们都是普通人。您的沟通水准高，他就听得进去；您的沟通水准低，他就听不进去。如果您从他的童年时期到他的青年时期，都被他认定是“水平低”，那么他就再也听不进您的苦口婆心了。

值得庆幸的是，孩子往往越小越听得进话去。往往孩子越小，越没主意，越容易沟通。很多家长出于对孩子天性活泼的无奈，或是出于对孩子人格独立的不屑，不愿意在孩子小的时候与他沟通，认为那样没意义，“小孩子嘛，能懂什么”。等到孩子长大了，这些家长恍惚着发现，“呀，我的孩子是个大人了”！这才决定要和孩子好好谈一谈。其实，已经晚了。

沟通的方式，讲究平等交流、尊重彼此，哪怕他是您的孩子。一个人被尊重的时候，他才会好好听你说话，否则他的精力全用来和你作对了。家长们其实应该了解自己的沟通水平，不要盲目认为“我说了，别人就一定听得懂”。从自己的世界中走出来，走到孩子的世界中去，这，才是沟通的第一步。

第十六课的思考题

不管哪种形式的沟通，首先要试着真正走进他的心里去，并能用语言触动他内心深处的那根弦，打开了心结才能说透。你还有更好的沟通方式吗？请写出来与大家分享。

第十七课

解决问题

人生总是会面临各种各样的问题。当问题来临的时候，我们能够有胆量迎难而上思索出各种各样解决问题的办法，当一个个问题能够用智慧得以解决后，你就是个胜者，是个强者。

相反，如果遇上问题就害怕，或躲躲藏藏、烦恼忧虑、推卸责任等，你就是一个问题的奴隶，一个弱者，永远和成就南辕北辙。圣人说："磨难是来度化人的，要主动迎接它的出现。"

要用发展的眼光看问题，一分为二地来看问题。不然人们常常会掉进现象里，而找不到现象背后的规律。万物万事皆有因缘，所有的问题都有它的本来面目。如果总是掉进现象里边取利害，看不到现象以外远处的利弊，就会虑不远时有近忧。

简单地说，你的孩子跟人打架吃亏了，你很生气也很心疼，并且你通过了解这事还不怨你的孩子。一般来说遇上这样的事都会据理力争要个说法，大部分人都会这么做。但且看对方是个什么主？碰上不讲理的人，他不懂理，争，有可能会使问题更加恶化。忍又忍不下这口气，这个时候该怎么办呢？要看到现象以外的规律，那就是用相反的眼光、逆向的思维来看待问题。吃亏是福，别人打骂你孩子了，你和孩子都没有火冒三丈，而是让大家看清楚事实真相是怎样的，并且避而远之。把心胸放宽，容进去别人的过失，以后你的孩子肯定是个人上人。为什么说吃亏是福？因为能吃亏的人都是有胸怀的，没胸怀的人是吃不了亏的。人有多大胸怀就能成就多大事业，这是真理。

当我们解决孩子的问题时，要先耐心地倾听事情经过，听完了别急于谈想法、下结论。除非你觉得胸有成竹，能让孩子心服口服。否则，就要把问题想好琢磨透了，觉得成熟了，说了准会让孩子没有反驳的余地时再说。如果遇上处理不了的问题时，最好的办法就是不想它，把问题丢在一边晾一晾，不管不问让时间去解决。

凡事都应该有原则，但在孩子面前，如果事事都讲原则，免不了让孩子觉得家长冷冰冰的。原则不能丢，让其明白不守原则该是怎样的结果。但是当讲原则伤害到孩子时，就不妨讲点人情，避开伤害。前提是要让他明白，变通不是没有原则。因为越是有些才华的孩子，越免不了有些自负，常常要的不是真实的情况，而是自己的面子。就比如孩子在关键考试时偶尔考砸了，他自己非常不愿意让人知道这次的成绩，家长这个时候如果再非要坚持原则，就如同在孩子伤口上撒盐了。不妨说声“不要紧，谁没有失误的时候啊，找找原因接受教训”。

总之，面对孩子的种种问题，我们家长需要做的是，给孩子们一个大概的方向。虽明知但不明言，让他自己去悟，去找准最明朗的答案。处理问题要有开阔的思路，抓住线索，懂得听一知二，善于联想。有一定的思维能力，不受外界干扰，认识到事物的本质，没有太多这样那样的虚荣。

例如：在众多的历史人物当中，我最佩服的就是清朝初期的孝庄太后。她一生辅佐了三个皇帝，历尽艰辛。她的高贵其实不在于她的地位，而在于她的心胸、智慧和品行。尤其是她的孙子康熙，是她亲自调教出来的，世人尊为千古一帝。

康熙八岁登基，十四岁亲政，智除鳌拜，平定三藩，收复台湾，亲征葛尔丹，一生政绩卓著。康熙青年时期，年轻气盛，治国心切。前朝的大臣吴三桂，居功自傲位于云南，每年消耗国库大量财力，是康熙治国方针蓝图的绊脚石。康熙决定撤藩吴三桂。孝庄太后却对他说：“越是重病越要缓治，不能急攻。”意思是说吴三桂这么大岁数了，耐着性子再养他几年，等他老死算了，大家都省心。一些大臣也不同意撤藩，怕引起战乱。可是康熙一意孤行，力排众议。结果吴三桂真的反了，很快大半江山都落入他手，干戈四起，社稷危急。在这危难之时，祸不单行，京城内外多人趁机造反，都打到皇宫门口了。康熙这时六神无主，准备让孝庄太后迁出京城，他自己退位。关键时刻，孝庄太后的几句话，惊醒了康熙，扭转乾坤，鼓起他的士气和精神。孝庄告诉孙子："大清国的危难不在外面，而在你的心里，你不能败于自己的心魔。只要咱们祖孙从心里不倒，十万个吴三桂也不在话下。你要学习奶奶我，天塌地陷，岿然不动，日月星辰，唯我独尊。"她老人家又告诉大臣说："撤藩是我的意思，皇上是领了我的旨意去撤藩的，有天大的事我顶着。大家要坚信，大清是铜铸铁打的江山。只要我们君臣一心，将士勇猛，定能歼灭叛军。"在她的鼓舞下，真的是君臣一心，最终打败了吴三桂。

我讲这个故事的意思是，我们应学习孝庄太后是怎样解决问题的。她是皇太后，但她也是一个家长，是皇上的奶奶。当孙子不听她的话闯下大祸时，她又把责任揽到自己身上，为孩子分担压力，让他有余地重新振作起来。这就是家长的作风，先教育你该怎么做，你不听我也不强求，出了事我再来给你兜底。孩子会通过一些事来历练自己，使自己慢慢变得成熟起来。

孩子的声音

解决问题，首先应该承认问题。

其实在教育孩子的过程中，很多家长是过分傲慢的。我这么说也许很多家长会不高兴。这种傲慢，体现在自恃高孩子一等，认为孩子一无所知，而自己经验丰富。

在这种过分傲慢的心理下，很多家长有意无意地忽视了孩子表现出的许多问题。但是，不承认问题，不代表问题不存在。等到孩子长大了，生理上成长了，和您一样高大了，有了反抗能力了，家长们才意识到问题的严重性，但此时也晚了。

我们一直在强调要尊重孩子，很多家长可能会嗤之以鼻，“孩子嘛，懂什么，还非得尊重他”。其实这种心理往往也可以移植，“孩子嘛，懂什么，怎么可能知道啥叫爱情”，“小屁孩不知道从哪儿看来的乱七八糟的东西，管我要什么安全感”，“小孩子懂什么独立，让他独立他还不反了天了”。这些傲慢的心理，往往忽视了孩子的诉求，无视孩子表现出的各种动态，强行按照自己的想法规定孩子的一切。孩子小的时候，表现为孩子不听话；孩子大了，就表现为孩子叛逆了。

往往人肚子疼，或者哪儿哪儿疼，是身体在提醒主人，它生病了。它在用疼痛的方式寻求大脑的关注，进而寻求得到治疗。往往孩子的异常举动，是孩子在提醒您，他生病了，心理上出了问题。这时候，家长们应该敏锐地意识到问题，然后去解决问题，而不是“大大咧咧”地，无视孩子的这些问题。小病不治，变成大病；大病不治，毁坏人生。

想要解决问题，首先应该承认问题；想要承认问题，首先应该承认自己孩子的独立存在，尊重自己的孩子。

很多家长认为小孩子没有烦恼，小孩子没有诉求，小孩子不会有梦想和现实撕裂的痛苦，不会有安全感的缺失，不会有理想和追求。其实我一直很疑惑，孩子要到几岁，才能在这些家长的思维里，拥有自己的烦恼呢？家长才会以平等的心态去对孩子呢？

问题不解决，不代表问题不存在。问题不解决，只会让问题更复杂。

我不断地、反复地在提醒——等到孩子真正表现出叛逆的时候，很多问题，已经晚了。

第十七课的思考题

要用发展的眼光看问题，一分为二地看问题。否则人们常常会掉进现象里，而找不到现象以外的规律。你犯过类似错误吗？请写一写。

第十八课

活着的价值

一个人活着的价值应该是至高无上的，对生命、自由和幸福的追求也是无与伦比的。乐善好施既是人类不可缺少的义务，也是为自己积福积德的量变过程，而非权力、财产、地位能比。一个人的处世智慧和心理哲学，往往是从高尚的价值观里滋长出来的。

我的上本书的最后一课《做孩子的向导》中就指出，做好孩子的向导是要能称职的，不然你会把孩子领到迷魂阵里去。如何能做好一个称职的向导？首先我们得有智慧，有宏观的思想，有高尚的价值观，才能够成为孩子思想进步的工程师。在孩子成长的道路上，及时地唤醒他每一步的迷茫，点亮自己也点亮孩子人生路上的一盏盏明灯。

我们的国家现在繁荣昌盛，社会安宁，人民生活幸福。可以用钱买来好吃的、好穿的，买来汽车、楼房，甚至买来更多的享受。唯独用钱买不来德行与智慧，而这些才是最宝贵、最无价的。世上有太多有价的东西，都可以用钱买得到，但用钱能买到的东西并不都是可贵的。

世上无价的就是每个人与社会赖以生存的、不可缺少的，比如自然界的阳光、空气、水，人性里的善、德、智慧。二十四史的孝经里有一句话说：“一人有庆，兆民赖之，其宁惟永。”一个国家有了明主，天下太平，民族兴旺。一个地方有了明主，这个地方的老百姓富足安康，甚至路不拾遗、夜不闭户。一个家庭里边有了明主做家长，自然是积善之家，必有余庆。

社会的稳定健康发展，时代的进步，不单纯的是哪一个人的责任，应该是社会中每一个人都需要考虑的问题。因为这意味着我们每一个人的生活环境如何、前景如何，直接影响着我们每一个人的生活安危。所做的事业也应该是利国才能利民，利人才能利己。

国家兴亡，匹夫有责，这不是口号，应该落实在每一个人的思想行动中。拥有积极乐观、健康向上的人生态度，踏踏实实地沉淀自己，从容不迫地专攻术业。

相反，如果我们每一个人都是在为自己想，不管他人如何，社会会成什么样子？久而久之，人们会忽视了道德、缺少了智慧，一切都将混乱迷茫，一切都将没有秩序。

道德和智慧就是人性里的思想与灵魂，道德是根，智慧是果。没有道德就没有智慧，没有智慧就没有道德，它们缺一不可。

现在的人们把钱看得太重，大大超出了钱本身应有的价值。有些人只要给钱什么都干，这样的人他就不值钱了，自己把自己看得太轻。比方李某给张某三十万元钱，买他利用一下去做一件事，而这件事不属于正当合法行为。张某拿了钱去干了他不应该干的事，他虽得到三十万元钱，却因此丢掉了他的人格，还将受到法律的制裁。钱再多也是有价的，而人格是无价的。张某没有分清楚，或抵抗不住金钱的诱惑，出卖了无价的人格，换来了有价的钱财。可需要发人深思的是，钱这个有价的东西，它只是人与人之间的交流工具，今天来了不一定就是你的，明天走了也不一定就是他的。也许这三十万元能让你一时得到享受，能让你一时换来好吃好穿。可这都是表面上看到的，而你看不见的是，钱这个东西它既然有本事让你丢掉人格，就有本事让你失去理智、走向堕落。这是不知不觉中看不到的另一面。

为什么说一失足成千古恨呢？因为办过的事走过的路，已经形成事实，你再后悔都改变不了，污点像烙印一样刻在你的身上或你的心灵里，千金难以抹掉。相反，如果不去贪求不义之财，处处克己，抵制诱惑，干干净净做人，勤勤恳恳做事，也许一时的生活俭朴、辛劳，但却在不知不觉中积累下德行，积累下高尚的品质，这是看不见的无价的收获。

人越是一味地追求有价的东西，他的思想就越局限，他的心胸就越有限。既然你的思想有限、心胸有限，那么，你一生都将生活在自己所设计的局限环境里。你把有价的东西看得有多重，你的人性就会有多轻，你的生命格局就会有多小。这是一个不变的人生价值观方程式。享乐和刺激得到的越多，人性越会一步步走向丑恶，而且到了一定程度很难把握住自己。既然人生总会一方面让我们收获，一方面让我们失去，那我们就一定要把握好有价的和无价的得失关口。让德行越积越厚，品质越累越高，精神和思想就会战无不胜、攻而不破。

其实，人活着所需要的有价的东西很有限，一天三顿饭一张床，简单的吃穿朴素的生活，能使人懂得怎样更好地活着。你积累的“无价”越多，释放出去的光芒就越大，你的人生就越精彩。

例如：我是2000年随军家属转业到老家，自己开始做皮毛养殖和饲料产业。做到八年多的时候，遇上了多年罕见的皮毛价格低谷，就把积压的大量皮毛做成皮草，在省城开始销售。第一年收入非常可观，我尝到了甜头。

有一天晚饭后，我和儿子出去散步。聊天时我把心事说出来，我想以后不做养殖和饲料了，把老家的厂子卖了，一心一意卖皮草。因为卖皮草挣钱，利润大，又轻松干净。而农业项目太辛苦，利润又薄。我儿子却说："妈妈，我认为你不但不能放弃老家的养殖厂，而且应该再扩大规模，甚至把产业做到省城来。你做商业只是为自己能挣到更多的钱，而做产业能带动更多的人，你展现的是活着的价值。你有这么多年的经验和技术，利用商业这一块挣的钱，照顾着养殖产业的发展。"记得当时我们还谈到，我们国家的经济要健康发展，必须重实体业发展。

后来，我凭着自己多年来的经验，做了个大的产业规划，努力奋斗了好几年。虽然因种种原因失败，但我并不后悔。我觉得儿子的话是对的，我走过的路没有错。我规划的产业发展模式，是攻而不破的长远之计。

有价值的时间才叫时间，有价值的生命才叫生命。用有限的生命去做无限的事业，做有意义的事情。活得充实的人，时间都打不败他，因为他懂得生命的可贵。人生一世，草木一秋，我们来到这个世上，不是随便逛逛来了，而应该做些有意义的事，留下点什么。如果生命只是双手空空来，一物不留而去，生命的存在没有任何意义，也是一种对自己不负责任的活法。

孩子的声音

活着，应该有价值。

人生贵在有追求，这是家长们在孩子小的时候，就应该教导给孩子的。我们为什么活着？这个问题是极其高深智慧的哲学问题，也是我们大多数人都没有办法解决的。但是，我们可以找到答案的是“我自己为什么活着”。

现代科学，否定了上帝、神的存在，人赤条条地来，赤条条地走，什么也不带着。我们的生命，和所有动物的生命没什么不同，一样要吃喝排泄，一样要生老病死。但是不同的是，人类是会思考的。正如一位诗人所说：“人是一枝会思考的芦苇。”人像芦苇一样脆弱柔软，但是人会思考。我们会去找寻自己活着的价值，不是机械性地吃喝排泄。也许是为了成为一个作家（像我这样热爱文字），也许是为了成为一个伟大的医生，也许是为了科学，也许是为了家人，也许是为了给社会带来进步，也许是想要去看更多的风景、结识更多的人……诗意的、激昂的、快乐的、沉郁的，每个人都有着他们独特的价值追求，正如每个人有不同的面貌，正如每个人有不同的灵魂。

但是我们应当看到，这世上的很多人，是从未想过这个问题的。他们的人生，就真的只是吃喝排泄、生老病死，虽然生在文明中，却选择了像动物一样浑浑噩噩地活着。我们中的大多数，对于“我们为什么活着”这个问题是毫无想法的——他们活着，但毫无想法。他们嗤笑哲学，嘲笑理想，鼓吹金钱至上，沉醉于物质享受。在他们的人生中，“价值”是一种虚幻又尖锐的东西，他们不承认它的存在，又每时每刻被它刺痛。

家长们，你们希望自己的孩子变成这样子吗？你们希望自己的孩子永远浑浑噩噩没有追求，希望自己的孩子对人生、对生活毫无想法吗？

我们活着的价值，有太多类别。大到为了解放全人类，小到为了过好自己的日常。我们赞美高尚的理想，也赞美扎实的生活；赞美不懈的追求，也赞美平凡的人生。无论是奔往远方的旅客，还是坚守此地的归人，无论是一腔热血，还是平平淡淡，这都是我们选择的活着的价值，也都应该被赞许。但是惟独有一种人，他们没有活着的价值，也从来没有去找寻过活着的价值，哪怕是简简单单地过好自己的人生，他们都没有想过，反而是拿出了一副得过且过、得混且混的态度。

家长们，你们希望自己的孩子变成这样子吗？

活着，应该有价值。尽管孩子们还小，也许他们没有尝试去思考这些庞大的哲学问题。但我希望家长们能够对这个问题重视起来，能够引导着孩子去做出自己的思考。无论他选择波澜壮阔的理想，还是选择平平淡淡的生活，我们都应该赞许。

最可怕的，是没有想法，浑浑噩噩。

第十八课的思考题

世上无价的就是每个人与社会赖之生存的、不可或缺的，比如说自然界的阳光、空气、水，人性里的善、德、智慧。请把你认为人活着的价值在哪里写出来。

第十九课

光明磊落

记得我的上一本书《生命之树的根》第十二课“诚实是阳光”中记录了我儿子的一篇小文章。他说：“诚实是阳光，照亮了自己，也照亮了别人。虚假是黑暗，前进的路上遮住了你，也挡住了我。”

人只有诚实，才会活得光明磊落；只有光明磊落，才会有心中无私天地宽的感觉。人如果能够达到这种境界，“心胸装天地，三界在眼中”，他的智慧定会达到顶峰。

家教是个很漫长细致的过程，如何让孩子学业有成、事业有成，同样需要一个一起努力的过程。在这个过程里不但需要努力把所有该做的事做好，而且懂得任何事情不能操之过急，不能强求扭曲。要学会静而不乱，急中有缓。成事需要努力拼搏，但不一定努力拼搏的都成事。凡事都讲究个因缘成熟，就好比老百姓种庄稼，种子种到地里，再勤劳干活老天爷就是不下雨，也往往没有好收成。其实，任何事情经过努力之后，能做到不心焦气躁地面对，也是一种能力。如果心浮气躁，没有耐心等待的功夫，整日烦恼于努力了还不成功，或由于急于求成而拔苗助长，甚至做些不光彩的事，那就不光明磊落了，就没有阳光了，同时也会失去智慧，太不划算了。

老天爷是公平的，你从这个方面失去的，一定会让你从另一方面得到。所以，不要着急，要学会努力后的等待，把每一次失败都看成磨练，把每一次的磨练都看成是机会。以温和宽容的心态面对考验，无论遇上任何事情都光明磊落，而不是误入歧途，捡了芝麻丢了西瓜。

在当今这个节奏步伐如此之快的社会里，我们的身边有多少血淋淋的例子，供我们参考，引以为戒。某某同学因学习压力大，父母要求考的学校考不上，跳楼了。或某某同事因受贿事发，跳河自尽了。这些都是因为强求扭曲，不光明磊落所导致的后果。我记得在前面“品德”一课中写到过，越是聪明的人，越是一不小心就会使德行受损。德行是生命的根基，所以，人宁可让财物受损，让聪明受损、也千万不要让德行受损，做不光明磊落的事，酿成无路可走的悲剧。

我们大人懂得了这个道理，也一定要让我们的孩子懂得。懂得了悟到了，就一定要做到，不然等于没懂。打铁还需自身硬，做好孩子的榜样。

例如：我有个朋友是一家单位的财务科科长，当初他最早来这个单位工作时，这个单位还是个破烂不堪的地方。但他多年在这里干下来，由于他和领导们的努力拼搏、无私奉献，很快这里成了一个富得流油的地方。同时他的财务科科长的岗位也开始有人盯上了，觉得这个位置是有油水可捞的。经过了几次正常的竞争，没能得逞的人，开始要手段了。由于朋友的清正廉洁，并没有受到伤害，但他还是决心让出去不干了。因为他觉得这是个又累又辛苦的差事，还有时费力不讨好，既然有人争，那我就让吧，何乐而不为呢？

自从朋友把这个科长让出去后，这些年调换了两三个人，有的是被撤职了，有的干脆被法办了。单位领导找这个朋友让他再干时，他婉言谢绝了。他告诉我说："我是为了责任才担当这个苦差事，劳心不言语。可人家觉得这是块肥肉，眼巴巴望得馋，不择手段地争。我让出去可轻松了，为什么要再回去呢？"领导们感慨："再也找不到像他一样的财务科长了！"

同样的工作，为什么朋友觉得是苦差事，而有人觉得是富差事？很显然，我朋友是个光明磊落之人，他担当此重任是为大局着想，并为之努力辛苦工作着。而别人是奔着能从中捞好处捞油水来的。表面上看来朋友像是傻一样，可实际上呢？二十多年了，他还是这个单位的领导，两个儿子非常优秀，一个是高校教师，一个是高级大夫。而那些当年为争科长要手段的人，不但自己因贪欲废职，孩子也因大人打麻将赌钱，自己也学会了赌钱，成了社会上的混混。

光明磊落也像其他的好品质一样，能让我们心中无私天地宽，吃得香、睡得着，一生坦坦荡荡、踏踏实实。

孩子的声音

人生最难得的是坦然。最难得的，是当你回首往事时，清风干净，无所愧疚；是你夜里睡得踏实，白天走得踏实，吃得香，笑得开怀。

凡人百年，草木一秋，来往赤裸，生死无遗留。成功或失败都任人评说，只是自己活得坦然才最真实。

其实，家长们希望自己的孩子活得快乐、活得健康、活得扎扎实实，这都是希望孩子活得光明磊落。因为只有光明磊落的人，才能够活得快乐、健康；只有光明磊落的人，才能够坦然，才能够不卑不亢。

“不做亏心事，不怕鬼敲门”，其实就是这个道理。

那么，什么样的人才能活得光明磊落？怎样去教育才能让孩子活得光明磊落？

首先，要让孩子有明确的对错观，知道什么是对的、什么是错的。往往一个人在童年时获得的认知，是最根深蒂固、最难被打破的。家长们应该从小教育自己的孩子，让他有对光明的向往，有对坦然生活的追求。只有这样，在他走向社会面对抉择的时候，才会想起童年时父母的谆谆教诲，才能明确对错、分辨是非，做出正确的抉择。

除了对与错，还要让孩子学会真诚地对待自己。真诚对待，就是真诚地看待自己的邪恶，看待自己的自私，看待自己的野性。要让孩子知道，这些都是正常的，都是人与生俱来的。而正因为如此，我们才需要与之作战。要让孩子正确看待自己内心的欲望，才能进而让孩子学会与欲望相处。

孩子对于“人生”这种大概念，往往是没有明确认知的。家长们应该教导孩子，让孩子知道，在人的一生中会遇到怎样纠结的抉择。往往有时候你做出了邪恶的选择，却收获了短期的利益；往往有时候你选择了平凡和淡泊，但收获了光明磊落的人生。家长们要让孩子知道，物质上的利益只是暂时的，精神上的光明却是一生的。

家长们应该让孩子了解抉择，了解人生的多变，了解坦然生活的重要。坦白告诉孩子，选择光明磊落的得与失，然后向孩子表达自己对他的期望。这样，孩子往往可以心甘情愿地信仰光明，往往可以走向光明，走向磊落的人生。

第十九课的思考题

人只有光明磊落，才会有心中无私天地宽的感觉。如果为了早日成功，或贪欲什么的，抄近路走歪门邪道，那就不光明磊落了，生命中就没有了阳光，就会失去智慧，太不划算了！请把你想的写一写。

第二十课

神圣的职责

随着人类社会的不断进步，各行各业都需要人才。古人云：“我劝天公重抖擞，不拘一格降人才。”人才是人类社会发展的引领者。小时候我觉得解放军叔叔最神圣，他们能保卫国家领土。再大一点上学后，我觉得老师的工作最神圣，他们是人类思想的工程师。后来父母年龄大了体弱多病，我又觉得医生的工作最神圣，他们能让病人康复，减少病人及其家人的痛苦。再后来结婚生子，我体会到父母的职责更神圣伟大，肩负着养育生命、重在施教的责任，乃是生命之源，百事百业之根。

因此，多年来我努力做好事业的同时，从来不敢忽视对家庭教育的学习与探索。陪孩子一起学习成长的岁月里，我逐渐认识并积累了一些家教知识与经验。我想一定会有比我做得更好的，故为向大家学习，想到了以写书来投石问路。

凡是一提到知识，大家就会想到书本。其实书里的知识是死的，只能供以参考。实际生活中的知识才是活的，才是最值得认真学习探索的。所以，我希望每一个做父母的，通过养育生命、教化子女这场经历，都能写出一部属于自己的书来，写出自己的感受，记录真实的经过，从而悟出更多不同的知识与道理。哪怕是只供自己参考，或有勇气与大家分享，大家共同探讨人的思想行为，获取更深一层的宝贵财富。以此来推动人性的不断进化，便是推动了人类的进步！方无愧父母这个神圣的职责。

出身不能决定一个人的命运，行动才是命运的最终决定者。不怕难，就怕钻。不管做什么事，只要沉下心来，努力去做，总有一天会成功的。如果你不想做好，不愿意努力学习、总结知识，你便能找出一千条一万条理由来。殊不知那样耽误的不只是你这一代人，而是你的子孙代代人。很多时候，人们缺少的不是能力，而是被自己的心魔所缠，无法专心学习或做事，从而找不到实现理想的正确方法。勤奋不是为了别人，而是为了你自己，甚至你生命的延续。把什么样的工作做好，挣再多的钱，都没有教育好孩子最为重要。而这里边的知识与学问，不能光靠书本、听专家讲课，而是要结合自家的实际情况和孩子的实际情况，学习总结出适合自家孩子的方式方法。尤其是作母亲的极为重要，一定要把家教当做一门功课来认真做好。

一个不相信自己的人，根本无法充分发挥自身潜能，就像一个窃贼偷窃走了自己似的。往往你缺少的不是资本，而是尝试，日常积累出自己的常识，是比金钱更为重要的资本。不管一个人处于多么低微的条件下，只要他做到尽职尽责，做出自己的贡献，他就是个伟大的人！

解放军的职责很神圣，我们做不了解放军；老师的职责很神圣，我们不是老师；医生的职责很神圣，我们也做不成医生……每个人都会为人父母，这个职责更神圣，更值得我们倾尽一生的心血去研究、去探索。劝天下为人父母者，努力行动起来，在家庭教育方面，多一分耕耘，多一分收获。

我常说，养育孩子是最能看到成绩的事，只要用心，投入什么就能收获什么，除非你根本不用心，或根本没关注过家教的重要性。

例如：我看过一些美国妈妈的育儿资料，大部分家长见了老师或者教授，他们首先是向老师讲述孩子近期在家里的表现，并检讨自己，哪里还不能理解，然后再求助老师教授些什么。这样的态度，显然是会跟老师一起解决问题。有智慧的家长，都会主动迎接问题，积极地寻找解决问题的办法，无愧于父母这个神圣的职责。

而我生活的地方也许是县城的缘故，尤其是一些农村的家长，他们见了老师，首先阐述的是他们自己的感受，然后一味地指责孩子，再把问题推给老师。比如，她们见了老师说："哎呀！气死我了！你说该怎么办呀？你给好好管管吧！"或者说："老师，我不活啦！孩子一点也不听话，我管不了他。"等等。从原则上都没有对号入座，不清楚自己的责任，只会养孩子吃穿却根本没想过怎样教育他。

我们现在的社会，家教中存在着很严重的问题，有些家长严重到在原则上都不懂，有愧于父母这个神圣的职责。我希望全社会都来关注这个问题，在全国各地成立长期的父母学校或家长培训班，尽快有效地普及家庭教育，这件事刻不容缓。

孩子的声音

行文至此，本书也要告一段落了。我想请家长们此时好好想一想，您究竟想要自己的孩子成为一个什么样的人呢？

一个人的一生，往往受他童年的影响很大。他的思维方式，他的性格，他的习惯，基本上都是在他的童年时期养成的。而这些东西，往往又能决定他的人生。可以说，一个孩子是否成功、是否健康，也是他的父母来决定的。一个人在二十岁以前的一切，几乎都是他的父母给的，无论他积极向上，还是堕落颓废，都能看得到他父母的影子。

家庭教育，是一个人所受到的所有教育中，最重要的一部分。而这恰恰又是当今社会非常忽视的一部分。在经济大发展的时代，每一位家长都有着自己的工作和追求，很多家长试图让学校来履行自己的教育职责，试图让社会来分担自己对孩子的责任。但是，这份神圣的职责是无法推卸的。

一个人的童年，真正称得上是影响深远。一个喜欢向孩子倾泻情绪的父母，往往容易培养出安全感缺失的孩子；一个喜欢控制孩子一切的父母，往往容易培养出精神上的巨型婴儿；一个平等对待自己的孩子、尊重孩子思想的父母，往往可以培养出独立自主的强者；一个赞赏孩子的闪光点，鼓励孩子试错的父母，往往可以培养出一个在某方面具有超人天赋的天才。

孩子是父母生命的延续，这不仅仅是在说生理层面，而且是在说心理层面。可以说，孩子的成功与失败、健康与颓废，家长需要负主要责任。荒唐的是，往往有些家长不认为自己应该履行这样的责任，这些家长认为“孩子需要为自己的人生负责”。他们既享受着对孩子摆弄号令的权力，又不想担当为孩子的现状应负的责任。这样的家长，希望各位能够引以为戒。

孩子是无罪的。如果您真正看着孩子的双眼，去看他清澈的双眼，您一定能深刻地理解这句话。当他讨好您、努力靠近您、想要取悦您的时候，您一定会为了他幼稚、笨拙的行为而感动。那么当他激怒您、招惹您、令您烦不胜烦的时候，我也希望您能够想一想自己神圣的职责，保护他、宽容他、引导他，用心扶育这个从未知世界来到人间的生命。他有着自己的未来和命运，也将会抉择自己的人生。而在这之前，他需要您的保护，需要您的引导。

衷心地希望，您能爱自己的孩子，真正地爱他的一切。

爱，就是家长履行这份职责的最高动力。

第二十课的思考题

父母肩负着养育生命、重在施教的责任，乃是生命之源，百业百事之根。你认为该怎么做呢？请写一写。

后　记

书稿终于可以付印，我心生许多感慨！

《生命之树的根》和《扬起生命的帆》，在我的心里不只是两本书。希望书里的知识对读者的影响不是可有可无、或多或少，而是希望它存活、发芽在每个家庭当中……

《生命之树的根》《扬起生命的帆》《人生应该看自己》可以说是我用极大的心血撰写而成的“家庭教育三部曲”，希望它们能成为家长培训、父母学习、共同进步的一套专业书籍，而家长学校能成为一个社会中不可缺少的机构，这就是我最大的心愿。

书中不只是白纸黑字形成的知识，而更重要的是承载着一个人的思想与灵魂。没有自己独特的思想与灵魂的书，理论再多、字词再美，它也只不过是一本空洞的读物，一个没有价值、不会长久存活、缺少生命力的东西。

“家庭教育三部曲”系列图书不是凭空编写出来的，而是我结合自己的切身体验，用心培育的“智慧树”，希望它能给每一个家庭带来警示，带来祝福，带来帮助……